Vivimos en los días cuando muchos pastores, iglesias, seminarios e institutos se apoyan en los métodos y estrategias del mundo para ordenar la Iglesia y entrenar a sus futuros líderes. En medio de esta confusión y una carencia profunda de la Palabra de Dios, *Siervo Fiel* será como alimento sólido para los pastores y los aspirantes al ministerio pastoral. Los que han contribuido en la composición de este libro mantienen firmemente la inspiración, inerrancia, infalibilidad y suficiencia de las Escrituras (2 Timoteo 3:16-17). Como me fue un privilegio leer este libro, es también un privilegio y gozo recomendarlo a todos.

—Paul David Washer, director de
HeartCry Missionary Society

El ministerio pastoral en la iglesia cristiana sufre por la falta de conocimiento de los distintivos esenciales que debe poseer un líder cristiano o por ignorar su importancia. Agradezco el enfoque que han dado este grupo de hombres a este libro, que muestra lo que es realmente significativo en la vida del ministro cristiano. Leí con gusto *Siervo fiel* y espero que tenga un gran impacto en la iglesia hispana.

—Alex Montoya, pastor de First Fundamental Bible Church
y Profesor emérito de The Master's Seminary

Todos podemos pensar en hombres que Dios ha usado en nuestras vidas para impactarnos, moldearnos y forjarnos conforme a la imagen de Dios. Al meditar en sus vidas, y sin lugar a dudas, resalta el hecho de que cada uno de ellos son hombres conforme al corazón de Dios y dedicados a desempeñar sus vidas según el modelo del hombre piadoso que encontramos en la Biblia. A lo largo de este libro, los colaboradores nos ofrecen una maqueta bíblica del hombre que busca honrar a Dios y ser un siervo fiel para Su gloria.

—Matt McGhee, director de
Ministerios en español de Ligonier

I0807946

Los pastores necesitamos escuchar una y otra vez el llamado de este libro: «Aspira a ser un siervo fiel». Los escritores de *Siervo fiel* nos ruegan que no creamos a los gurús del iglecrecimiento ni a los pastores que tienen mentalidad de ejecutivos empresariales y que aspiran al éxito al estilo del mundo. El llamado es a creerle a Dios y Su Palabra. Con gozo recomiendo este libro para todo pastor o líder que desea obedecer lo que Dios requiere hasta el último segundo de su vida, y lo recomiendo con gran expectativa a todos los pastores que están preparando a la siguiente generación de hombres que cuidarán el rebaño de Cristo. Oro para que todo lector de esta obra sea un siervo fiel en su vida y ministerio. Que Dios use esta obra para la gloria de Cristo y el bien de Su Iglesia.

—Daniel Puerto, pastor de Iglesia Bautista Palabra de Vida y director ejecutivo de Soldados de Jesucristo

Si Cristo no vino «para ser servido, sino para servir» y el discípulo «no está por encima del maestro» ni «de su señor», entonces el pastor —más que cualquier otro discípulo— debe caracterizarse por estar satisfecho con «llegar a ser como» Él. Un líder que sigue a Cristo no aspira a ser nada más que un verdadero siervo. La mayoría de los pastores en la actualidad, lamentablemente, son todo menos eso. La iglesia está llena de personas que cumplen con esa «posición» de liderazgo pero que carecen de los distintivos esenciales del ministerio pastoral (1 Ti. 3:1-7; Tit. 1:5-9). Por eso recomiendo con entusiasmo la lectura de este libro, que describe con claridad las marcas verdaderas de un líder que no es —ni desea ser— mejor que el «Maestro y Señor» (Jn. 13:13), quien lavó los pies de sus discípulos como ejemplo de servicio (Jn. 13:14). Prepárate para ser instruido, animado y bíblicamente motivado «hasta que Cristo sea formado» en tu vida (Gá. 4:19).

—Lucas Alemán, director de educación en español de The Master's Seminary

SIERVO FIEL

SIERVO FIEL

Distintivos esenciales del ministerio pastoral

Introducción por
JOHN MACARTHUR

JOSÍAS GRAUMAN • DAVID ROBLES
EVIS CARBALLOSA • ALEJANDRO PELUFFO
JOSUÉ PINEDA DALE • DAVID GONZÁLEZ • DANIEL CORRAL
HEBER TORRES • SANTIAGO ARMEL • FERNANDO JAIMES
EDUARDO IZQUIERDO • JOSÉ ALCÍVAR • JOSÉ SORIA

EDITORIAL
PORTAVOZ

La misión de *Editorial Portavoz* consiste en proporcionar productos de calidad —con integridad y excelencia—, desde una perspectiva bíblica y confiable, que animen a las personas a conocer y servir a Jesucristo.

Coordinador Editorial: Santiago Armel

EDITORIAL PORTAVOZ
2450 Oak Industrial Drive NE
Grand Rapids, Michigan 49505 USA
www.portavoz.com

ISBN 978-0-8254-5953-5

1 2 3 4 5 / 29 28 27 26 25 24 23 22 21 20

Impreso en los Estados Unidos de América
Printed in the United States of America

Este libro es dedicado a Henry Tolopilo en sus 25 años de ministerio como pastor del ministerio hispano en Grace Community Church en Los Angeles, California.

Los autores de este libro damos gloria a Dios por la vida de Henry, y por la gran influencia que ha tenido en nuestras vidas y en la Iglesia en el mundo hispanohablante.

Contenido

Introducción

Un siervo fiel es un hombre de Dios

JOHN MACARTHUR

Desde los inicios más tempranos de mi ministerio, una de mis preocupaciones constantes fue entender con exactitud qué significa ser un pastor fiel. Quería entender cuál era mi papel y cómo esto influenciaría al resto de la congregación. Desde los inicios de mi llamado pastoral, aun antes de llegar a *Grace Community Church*, uno de los pasajes que más me impactó fue el capítulo 6 de 1 Timoteo. Las cartas escritas por el apóstol Pablo a Timoteo y a Tito son instrucciones directas para los pastores, y todo su contenido es tremendamente útil para cualquiera que está en el ministerio pastoral. Sin embargo, de manera especial, ese capítulo 6 se convirtió en fundamental para mi entendimiento de lo que Dios espera de mí.

> *Pero la piedad,* en efecto, *es un medio de gran ganancia cuando* va *acompañada de contentamiento. Porque nada hemos traído al mundo, así que nada podemos sacar de él. Y si tenemos qué comer y con qué cubrirnos, con eso estaremos contentos. Pero los que quieren enriquecerse caen en tentación y lazo y en muchos deseos necios y dañosos que hunden a los hombres en la ruina y en la perdición. Porque la raíz de todos los males es el amor al dinero, por el cual,*

> *codiciándolo algunos, se extraviaron de la fe y se torturaron con muchos dolores.*
>
> *Pero tú, oh hombre de Dios, huye de estas cosas, y sigue la justicia, la piedad, la fe, el amor, la perseverancia y la amabilidad. Pelea la buena batalla de la fe. Echa mano de la vida eterna a la cual fuiste llamado, y* de la que *hiciste buena profesión en presencia de muchos testigos. Te mando delante de Dios, que da vida a todas las cosas, y de Cristo Jesús, que dio testimonio de la buena profesión delante de Poncio Pilato, que guardes el mandamiento sin mancha ni reproche hasta la manifestación de nuestro Señor Jesucristo, la cual manifestará a su debido tiempo el bienaventurado y único Soberano, el Rey de reyes y Señor de señores; el único que tiene inmortalidad y habita en luz inaccesible, a quien ningún hombre ha visto ni puede ver. A Él* sea *la honra y el dominio eterno. Amén.*
>
> — 1 Ti. 6:6-16

Esta es una de las doxologías más hermosas del Nuevo Testamento, y viene justamente después de las instrucciones a un pastor. Si un pastor quiere tener una vida digna de una doxología, una vida que pueda ser presentada delante de Dios para traerle honor a Él, entonces debe seguir las instrucciones de esta porción de las Escrituras.

Nótese con atención a quien se está identificando en este capítulo: a un hombre de Dios. La primera vez que estudié este texto, sabía que este era el título que yo tendría; sabía que yo había sido llamado, preparado y comprometido por el Señor para ser un hombre de Dios. En este caso, este título estaba identificando a Timoteo. Es un epíteto muy claro, pero tiene invaluables y ricos elementos.

Qué privilegio ser llamado un *hombre de Dios*, un hombre que pertenece a Dios de una manera personal. Esta clase de hombre no pertenece, en un sentido, a la Iglesia. No pertenece a una asociación. Ni siquiera pertenece exclusivamente a una familia. De una manera única, este es un hombre de Dios. Esta es una frase muy exclusiva; nunca es usada en el Nuevo Testamento para referirse a alguien fuera de Timoteo, lo que lo hace algo excepcional. Aunque es a Timoteo a quien se aplica este término por primera vez después de la vida, muerte y resurrección de Cristo, era un término común en el Antiguo Testamento. Pablo tenía que estar consciente de esto, igual que Timoteo, porque ambos habían crecido con las enseñanzas del Antiguo Testamento.

¿Qué significaba en el Antiguo Testamento ser un hombre de Dios? La primera vez que aparece es en Deuteronomio 33:1 para describir a Moisés, el gran profeta, un hombre de Dios. También fue usado en Jueces 13:6-7 para describir a un ángel, un mensajero de Dios, enviado a Manoa para anunciar el nacimiento de Sansón. Por otra parte, fue usado para referirse a un profeta que habló de parte de Dios a Elí, el sumo sacerdote, prediciendo el juicio hacia su familia malvada (1 S. 2:27). Luego fue usado para identificar a Samuel como un hombre de Dios en 1 Samuel 9. Lo que podemos obtener de estos ejemplos es una clara indicación de que este término es reservado para alguien que habla de parte de Dios: alguien que pertenece a Dios de una manera única de tal forma que es su representante para hablar de parte de Él.

En el Antiguo Testamento abundan los ejemplos. El término «hombre de Dios» fue usado para el profeta Semaías, el cual fue enviado por Dios para profetizar contra Roboam. Fue usado de nuevo con un profeta que habló la Palabra de Dios a Jeroboam acerca de su juicio. Describió a Elías en 1 Reyes 17 y describió a Eliseo en 2 Reyes 4. Fue el término usado para referirse al profeta que confrontó a Amasías; ese profeta fue llamado hombre de Dios en 2 Crónicas 25. Identificó a un profeta llamado Igdalías en Jeremías 35:4. La suma de todos estos usos nos dice inequívocamente que este es un término técnico para referirse a alguien que pertenece de manera única a Dios, en el sentido en que es alguien que transmite el mensaje de Dios al mundo.

Otra descripción de este llamado se encuentra en 2 Pedro 1:21 «Nunca la profecía [de Dios] —ninguna escritura— fue traída por voluntad humana, sino que los santos hombres de Dios hablaron siendo inspirados por el Espíritu Santo». Aquí podemos aprender algo más acerca de un hombre de Dios. Cuando un hombre de Dios habla, lo hace por el poder del Espíritu Santo. Dios siempre ha tenido predicadores empoderados por el Espíritu Santo, profetas y mensajeros. Los hombres de Dios son únicamente aquellos que han sido llamados a proclamar su Palabra. Esto ha resumido para mí el rango completo de mi responsabilidad como pastor: ser un portavoz que habla de parte de Dios aquello que Él ha revelado.

En 2 Timoteo 3:16-17 leemos que «Toda la Escritura es inspirada por Dios, y útil para enseñar, para redargüir, para corregir, para instruir en justicia, a fin de que el hombre de Dios sea perfecto», —o completo— «enteramente preparado para toda buena obra». Él no solo es empoderado por el Espíritu sino que, además, comunica la Escritura. Esto fue escrito a Timoteo, pero va más allá de Timoteo, es también para todo hombre de Dios. Cuando Pablo llama a Timoteo un hombre de Dios lo coloca en un grupo élite, un grupo distinguido por un raro y exclusivo llamado. Este término se extiende a todos aquellos que hablan de parte de Dios en el poder del Espíritu Santo usando la Palabra de Dios. El hombre de Dios es perfeccionado por el Espíritu y por la Palabra.

Así que el título «hombre de Dios» caracteriza particularmente a aquellos que son los mensajeros de Dios. Son hombres que viven sus vidas por encima de objetivos mundanos y cosas temporales y están completamente dedicados a un servicio divino. Son hombres que pertenecen a un orden espiritual en el que las cosas temporales, transitorias y perecederas no tienen una relación permanente con ellos. Ellos no son hombres del mundo, no son hombres del diablo, no son hombres de iglesia: son hombres *de* Dios. Son levantados por encima de las cosas terrenales. Son posesión personal de Dios.

Cuando Pablo escribió a Timoteo, reconoció las circunstancias difíciles de su pupilo. Cuando Pablo le escribió, Timoteo servía en la iglesia de Éfeso, una congregación que sufría múltiples problemas: falsos maestros, líderes pecaminosos, errores doctrinales y falta de piedad personal. Todo esto sucedía allí y Timoteo era responsable de confrontarlo. Pero él era joven y, además, tenía la tendencia a ser tímido. Pablo muy probablemente le afirmaría: *aunque eres un hombre de Dios, eres un hombre de Dios en medio de una situación muy difícil. Estás trabajando para el rey en un reino en contra del poder de la oscuridad.*

Aquí hay un contraste que yo considero es muy importante. Pablo habla a menudo acerca de los falsos maestros. En pasajes como 1 Timoteo 1:3-7; 4:1-5; y 6:3-10, su objetivo era contrastar a un hombre de Dios con los falsos maestros. De hecho, en el final de cada una de esas discusiones acerca de los falsos maestros, el contraste se hace mucho más claro. Después de haber dicho mucho acerca de los falsos maestros, Pablo le dice a Timoteo:

> *Esta comisión te confío, hijo Timoteo, conforme a las profecías que antes se hicieron en cuanto a ti, a fin de que por ellas pelees la buena batalla, guardando la fe y una buena conciencia, que algunos han rechazado y naufragaron en lo que toca a la fe. Entre ellos están Himeneo y Alejandro, a quienes he entregado a Satanás, para que aprendan a no blasfemar.*
>
> — 1 Ti. 1:18-20

En contraste con los falsos maestros, el mandamiento es a ser un *siervo fiel*, pelear la buena batalla y predicar la verdadera Palabra de Dios. Pablo lo había resumido antes como «el glorioso evangelio del Dios bendito, que me ha sido encomendado» (1 Ti. 1:11). De nuevo, habló a Timoteo acerca de los falsos maestros diciendo: «Al señalar estas cosas a los hermanos serás un buen ministro de Cristo Jesús, nutrido con las palabras de la fe y de la buena doctrina que has seguido. Pero nada tengas que ver con las fábulas profanas propias de viejas». En otras palabras, «debes ser un contraste de esas falsas enseñanzas». Lo mismo es verdad en la exhortación de Pablo a Timoteo más adelante:

> *No descuides el don espiritual que está en ti, que te fue conferido por medio de la profecía con la imposición de manos del presbiterio. Reflexiona sobre estas cosas; dedícate a ellas, para que tu aprovechamiento sea evidente a todos. Ten cuidado de ti mismo y de la enseñanza. Persevera en estas cosas, porque haciéndolo asegurarás la salvación tanto para ti mismo como para los que te escuchan.*
>
> — 1 Ti. 4:14-16

Así que, en contraste con los falsos maestros, aquí tenemos a un maestro verdadero, a un hombre de Dios. En contraste con los hombres de Satanás, aquí está un hombre de Dios. Todo lo que Pablo escribe en sus cartas apunta a esta única responsabilidad. Pablo escribió nuevamente acerca de los falsos maestros en el sexto capítulo:

> *Si alguien enseña una doctrina diferente y no se conforma a las sanas palabras, las de nuestro Señor Jesucristo, y a la doctrina* que es *conforme a la piedad, está envanecido* y *nada entiende, sino que tiene un interés corrompido en discusiones y contiendas de palabras, de las cuales nacen envidias, pleitos, blasfemias, malas sospechas, y constantes rencillas entre hombres de mente depravada, que están privados de la verdad, que suponen que la piedad es un medio de ganancia.*
>
> — 1 Ti. 6:3-5

Nuevamente, Pablo hace el contraste entre Timoteo, un hombre de Dios, y los maestros falsos y corruptos. Esta tensión aparece consistentemente en la carta y nos conduce a la responsabilidad que tiene un pastor de ser un hombre de Dios; y es por esto que Pablo dice en el versículo 11: «Pero tú, oh hombre de Dios» —tú con esta identidad única, un hombre que pertenece a Dios— «así es como debes conducir tu vida». Esto ha sido importante para mí desde muchos años atrás y ha seguido siendo mi convicción personal en la actualidad.

Finalmente, Pablo no solo instruyó a Timoteo a que perseverara en su llamamiento como hombre de Dios. También le pidió identificar y capacitar a otros hombres que fueran idóneos para continuar esta tarea de ser heraldos del rey. El apóstol a los gentiles le encomendó solemnemente: «Y lo que has oído de mí en la presencia de muchos testigos, eso encarga a hombres fieles que sean idóneos para enseñar también a otros» (2 Ti. 2:2).

La presente obra es el producto de hombres que han recibido capacitación en el seno de *Grace Community Church* y en los salones de clase de *The Master's Seminary*, al igual que de amigos cercanos a nuestro ministerio como el Dr. Evis Carballosa.

Esta es una obra que resume los distintivos esenciales del ministerio pastoral, las marcas irrefutables que todo hombre de Dios debe perseguir y las únicas que garantizarán el ser hallados siervos fieles en el día final.

1

Un siervo fiel lidera piadosamente a la congregación

JOSÍAS GRAUMAN

Nadie puede imaginar que un barco sea conducido ordenadamente sin un piloto, ni que las distintas partes del mundo desarrollen sus variadas funciones sin una guía sabia. **Stephen Charnock**

El liderazgo es crucial para la Iglesia. Esta realidad se refleja a lo largo de toda la Escritura, en particular cuando se hace referencia al pueblo de Dios como un rebaño de ovejas. Las ovejas son animales desprovistos de la capacidad de sobrevivir sin dirección, sin un líder. Por eso, Cristo, el Buen Pastor, ha encargado a hombres el cuidado de su rebaño mientras Él esté ausente físicamente (Ef. 4:11), pues su deseo es que su rebaño cuente siempre con su dirección.

Por lo tanto, el pastor a cargo de esas ovejas debe guiarlas con el mismo corazón del Buen Pastor que se las encomendó. Ese pastor debe representar al Buen Pastor en la forma que guía, provee y protege al rebaño. Este capítulo busca resaltar algunos principios bíblicos que deben caracterizar un liderazgo piadoso, un liderazgo que refleje el cuidado del Buen Pastor quien, mirando al pueblo de Dios, «...tuvo compasión de ellos, porque eran como ovejas sin pastor; y comenzó a enseñarles muchas cosas» (Mr 6:34).

Un líder piadoso lava pies

La escena es seria, amenazadora. Cristo come su última Pascua con sus discípulos. Pronto, Él será traicionado y sacrificado como el cordero que compartían.

Si en la historia de la humanidad hubo ocasión alguna en la que alguien mereció ser servido, sin duda alguna fue ese momento. Lo justo habría sido que Jesús pudiera estar tranquilo durante sus últimas horas y que sus discípulos lo sirvieran: muy pronto ofrendaría su vida por ellos.

Lo que hizo Jesús es digno de todo elogio. Pero no es suficiente admirar el liderazgo de nuestro Señor; debemos imitarlo. Él mismo afirma: «Pues si Yo, el Señor y el Maestro, les lavé los pies, ustedes también deben lavarse los pies unos a otros. Porque les he dado ejemplo, para que como Yo les he hecho, también ustedes lo hagan» (Jn. 13:14–15).

Es evidente que Dios no quiere que guiemos a la grey gritando órdenes desde la retaguardia. Quiere que lideremos con nuestro ejemplo. Pedro dice que, en vez de ejercitar señorío sobre el rebaño, debemos mostrarnos como ejemplos (1 P. 5:3).

De ahí que la pregunta para cada líder en la iglesia es: ¿Puedo decir, con Pablo, «sean imitadores de mí, como también yo lo soy de Cristo» (1 Co. 11:1) o, afirmando esto, se convertiría en un hipócrita, ya que su propia vida no encaja con su predicación? Que Dios ayude a sus líderes no solo a guiar al pueblo en obediencia, sino también a ser un ejemplo de servicio humilde, como lo es el Buen Pastor.

Un líder piadoso toma la iniciativa con valentía

Salomón sabiamente afirma que, cuando no hay dirección, el pueblo cae (Pr. 11:14). Si el pueblo de Dios se encuentra en una encrucijada, o si no sabe a dónde dirigirse, mira a su pastor para buscar dirección. Un líder piadoso percibe esa necesidad y toma la iniciativa para definir la dirección que Cristo demanda.

Cuando todos están detenidos y sin saber qué hacer, cuando todos se encuentran paralizados por el temor, se requiere de mucha valentía para ser el primero en actuar y hablar. Porque el que toma la iniciativa es el que más fácilmente puede errar. Pero la responsabilidad del líder es ser el primero. Debe orar. Debe pedir consejo. Pero no puede esperar indefinidamente, pues todo el rebaño espera su dirección.

Un excelente ejemplo de iniciativa se encuentra en Hechos 27, cuando Pablo viaja a Roma y el barco que lo transporta naufraga. En cada paso, Pablo marca la pauta. Cuando querían embarcar en tiempo peligroso, Pablo lidera por medio de una amonestación (Hch. 27:9). Cuando se pierden en el mar y la tempestad los hace abandonar toda esperanza, Pablo los anima con la Palabra de Dios (Hch. 27:24-25). Cuando los marineros quieren escapar, Pablo informa al centurión para que lidie con la situación (Hch. 27:31-32). Cuando estaban por alcanzar un escollo, Pablo los anima a comer para tener energía suficiente y poder nadar hacia la costa (Hch. 27:34). Gracias a la intervención de Dios, y la dirección de Pablo, «todos llegaron salvos a tierra» (Hch. 27:44).

Que Dios dé sabiduría y valentía a sus líderes para que lo mismo suceda en la esfera espiritual. Que por medio de la dirección sabia de los pastores todo el rebaño llegue a salvo a la nueva tierra celestial.

Un líder piadoso sabe cuándo debe cambiar el plan

El pastor John MacArthur dice a menudo que un buen líder toma buenas «segundas» decisiones. Cada líder también es humano y cuando toma la iniciativa y manifiesta su decisión en el momento que la grey lo necesita, siempre corre el riesgo de tomar la decisión incorrecta.

El buen líder reconoce sus fallas y sus limitaciones, busca consejo y corrección, y siempre está listo para tomar una mejor «segunda» decisión. Es posible que el líder tome una mala decisión simplemente porque es pecador o porque no contó con la información suficiente. O sencillamente todo cambió de manera rápida y radical, y una decisión que parecía sabia en un momento, dos días después ya no lo es.

Sin importar la razón, un buen líder siempre está dispuesto a ser humilde delante del rebaño, a disculparse por la primera decisión y definir una nueva pauta. En 2 Samuel 24:1, David toma una de sus peores decisiones como rey de la nación: hace un censo de Israel. Lamentablemente no fue humilde para escuchar el consejo de Joab y frenar la acción (2 S. 24:3-4). A final de cuentas, sin embargo, David reconoce su error, confiesa su pecado (2 S. 24:10) y se somete a la misericordia de Dios (2 S. 24:14), pidiendo él mismo, y no el pueblo, pagar por su pecado (2 S. 24:17). A pesar de su propio pecado, un buen líder siempre toma mejores «segundas» decisiones.

Un líder piadoso es paciente

Se dice que el trabajo de un pastor es exasperante. El pastor desea conducir a las ovejas hacia verdes pastos y aguas de reposo, pero a veces las ovejas son obstinadas y no le siguen. ¿Qué debe hacer? ¿Gritar más fuerte? ¿Tomarlas por las orejas y obligarlas a caminar?

Gracias a Dios, el Buen Pastor es paciente. Él dice: «Todo el día he extendido Mis manos a un pueblo desobediente y rebelde» (Ro. 10:21). Su paciencia es enorme, pues para Él un día es como mil años y ha esperado estos últimos dos mil años, no porque tarde en cumplir sus promesas, sino porque espera hasta que todos los suyos vengan al arrepentimiento (2 P. 3:8-9).

Un líder piadoso hace lo mismo. Enseña la verdad con autoridad y con urgencia pero, si una oveja no obedece de inmediato, el pastor trabaja pacientemente con ella. Ahora bien, el pastor no hace concesiones con la verdad, llama al pecado por su nombre. Pero si una oveja no está de acuerdo, un líder piadoso no es pronto para lanzar juicio contra la oveja sino que es, más bien, paciente.

Además, si no se trata de una verdad absoluta, un buen líder imita el ejemplo de Pablo, que nunca insistió en su propia opinión: «Así que todos los que somos perfectos, tengamos esta misma actitud; y si en algo tienen una actitud distinta, eso también se lo revelará Dios» (Fil. 3:15). «Cada cual esté plenamente convencido según su propio sentir» (Ro. 14:5).

Un líder piadoso entiende que su autoridad es delegada

«Esto habla, exhorta y reprende con toda autoridad. Que nadie te menosprecie» (Tit. 2:15). Un pastor debe predicar con toda autoridad y no dejar que la gente se escape de esa autoridad. El predicador no da sugerencias, comunica las órdenes del Rey. Cuando predica declarando la Palabra de Dios debe hacerlo con la autoridad del Rey.

La imagen de un rey y su heraldo es muy útil. Cristo el Rey es quien tiene toda autoridad (Mt. 28:18), no el heraldo. Entonces, cuando el heraldo proclama el edicto del rey, lo debe hacer con la absoluta autoridad y exigir que la gente acate dicho edicto. Sin embargo, el heraldo entiende que solo tiene autoridad cuando proclama el edicto. Si comienza a emitir sus propios edictos, abusa de su posición; él no tiene autoridad propia sobre la gente.

De la misma manera, el predicador tiene autoridad. Pero siempre debe recordar que su autoridad solo reside en la Palabra de Dios, el edicto del Rey. En el momento que opina sobre algo, está obligado a presentar sus consejos como opiniones humanas, no como órdenes del Rey. Esto lo ayudará a mantenerse humilde delante de la gente y a insistir solo cuando Dios es realmente quien insiste.

Un líder piadoso delega para predicar y orar

Un pastor tiene muchas responsabilidades. Debe ejercer su ministerio en funerales, bodas, la predicación, consejería, visitas, llamadas, el estudio de la Palabra, la oración, etc. La lista es interminable. El problema es que, si intenta cumplir con todo, no llevará a cabo lo prioritario. ¿Qué es prioridad?

Los apóstoles enfrentaron la carga inconmensurable que representa el ministerio. Miles de hermanos que cuidar, miles de bocas que alimentar y miles de almas para evangelizar. Simplemente era imposible. Así que delegaron la responsabilidad de servir a las mesas con el propósito de concentrarse en su prioridad: «Nos entregaremos a la oración y al ministerio de la palabra» (Hch. 6:4). El líder puede llevar a cabo muchas cosas, pero está obligado a hacer estas dos.

El pastor debe orar por el rebaño que le ha sido confiado. El líder no puede santificar. El líder no puede transformar. El líder no puede salvar. Solo Dios, por medio de su Espíritu obra esos milagros. De ahí la imperante necesidad de orar a favor del pueblo de Dios, para que Dios obre. Sin la oración el ministerio carece de sentido pues, sin la intervención divina, no puede cumplirse ninguno de los objetivos del ministerio. La oración es *sine qua non*.

Para los apóstoles la predicación también es prioritaria. La predicación es esencial porque la meta del ministerio es glorificar a Dios por medio de que la gente se conforme más a la imagen de Cristo (Col. 1:28), y lo único que Dios usa para transformar a la gente es su Palabra. Sin la predicación nadie puede ser salvo (Rom. 10:14) y nadie puede ser santificado (Jn. 17:17). De modo que, si un líder desea pastorear de acuerdo al ejemplo del Buen Pastor, debe ministrar así.

PREGUNTAS PARA REFLEXIONAR EN GRUPO

- ¿Qué actitudes crees que un pastor debe evitar para no enseñorearse de la congregación?

- ¿Cuáles son las características del liderazgo de servicio de Jesús que te gustaría imitar?

- ¿En qué áreas consideras que podrías tomar la iniciativa para liderar algún ministerio en tu iglesia?

2

Un siervo fiel capacita hombres para el ministerio

JOSÍAS GRAUMAN

Y lo que has oído de mí en la presencia de muchos testigos, eso encarga a hombres fieles que sean idóneos para enseñar también a otros. **Apóstol Pablo**

Cuando el pastor John MacArthur llegó a la iglesia *Grace Community*, dijo que solo tenía dos metas: predicar el Nuevo Testamento versículo por versículo y capacitar hombres para el ministerio. Él indica que ese deseo de capacitar hombres nació de dos factores principales. Primero, el daño que había visto cuando las iglesias contrataban a pastores «de afuera» que no estaban en sintonía con la iglesia en términos de doctrina y filosofía de ministerio. Y segundo —y más importante—, el patrón y precepto del Nuevo Testamento exige que un siervo fiel capacite a otros hombres para ejercer el ministerio. A continuación, un análisis panorámico de lo relativo al segundo factor.

El patrón de capacitar hombres para el ministerio

La palabra «ancianos» aparece más de cien veces en el Antiguo Testamento. Y observamos que este grupo de hombres, a lo largo del Antiguo Testamento, tuvo la responsabilidad de proveer liderazgo para el pueblo. Por ejemplo, en Rut 4, Booz elige a diez de los ancianos de la ciudad para formar una corte y presenciar la compra de una propiedad. Entonces, se ve el patrón de la división del poder entre varios.

Otro lugar donde se observa el patrón de repartir la carga del ministerio entre varios se encuentra en Éxodo 18:13-23. Allí, el suegro de Moisés sabiamente explica a Moisés que, si él intentara hacer todo, sería demasiado. «No está bien lo que haces. Con seguridad desfallecerás tú, y también este pueblo que está contigo, porque el trabajo es demasiado pesado para ti; no puedes hacerlo tú solo» (Éx. 18:17-18). Moisés escuchó el consejo de Jetro y delegó mucho del trabajo a otros.

Cuando Jesús dejó su ministerio terrenal aquí en la tierra, es notorio que no entregó su autoridad a una sola persona, sino que la repartió entre sus apóstoles. De hecho, cuando comunica su Gran Comisión, la encomienda a todos los apóstoles por igual, sin poner a uno en autoridad sobre los demás.

Pablo siguió ese mismo ejemplo cuando él iba de ciudad en ciudad plantando iglesias. En vez de transferir la autoridad apostólica a un solo hombre, Pablo dejó la iglesia en las manos de una pluralidad de ancianos. Esto se observa claramente en Hechos 14:23: «Después que les designaron ancianos en cada iglesia, habiendo orado con ayunos, los encomendaron al Señor en quien habían creído». El siervo fiel debe repartir sus responsabilidades a otros hombres fieles porque este es el patrón de la Escritura. Sin embargo, este patrón evoca la siguiente pregunta: ¿De qué forma estos hombres sabrán cómo ejercer el ministerio? Necesitan recibir capacitación.

El precepto de capacitar hombres para el ministerio

«Y lo que has oído de mí en la presencia de muchos testigos, eso encarga a hombres fieles que sean idóneos para enseñar también a otros» (2 Ti. 2:2). «Encarga» no es una sugerencia. Es un imperativo. Cada ministro tiene el deber de capacitar a otros.

Y este mandato no tiene que ver con la Gran Comisión; este mandato no es hacer discípulos, lo cual es obvio. El mandato es capacitar a otros hombres aptos para el ministerio. Sabemos que son aptos para el ministerio porque son aptos para enseñar, un don requerido para el cargo de anciano.

Es así que el siervo fiel se dedica a la capacitación de otros hombres. Interactúa con otros hombres acerca de su sermón, cómo estudiar el texto, cómo obedecer el texto y cómo predicar el texto. Involucra a otros hombres en el ministerio mostrándoles cómo aconsejar, cómo liderar y cómo ministrar.

En términos prácticos este versículo se puede aplicar en dos sentidos complementarios. Primero, el siervo fiel debe apartar tiempos para reunirse con un grupo de hombres que se está capacitando para el ministerio. Debe instruirles, contestar sus preguntas e informarles acerca del ministerio. Pero también, el ministro debe mostrar a otros cómo ejercer el ministerio.

Si el ministro siempre hace sus visitas al hospital solo, ¿cómo sabrán los hombres que está capacitando la forma de ministrar a los hermanos en sus tiempos de necesidad? Si el ministro siempre aconseja a los hermanos a puerta cerrada, ¿cómo sabrán los hermanos a quienes está capacitando la forma en que deben modular su tono de voz, la apariencia de su cara y la forma de aplicar el texto bíblico a diferentes situaciones? El siervo fiel enseña a hombres cómo ejercer el ministerio con sus palabras y con sus hechos.

El siervo fiel capacita a otros hombres para el ministerio porque es el precepto y mandato de la Escritura.

El daño que puede ocasionar no capacitar a hombres para el ministerio

Si un ministro no entrena a otros hombres para el ministerio, establecerá un patrón de no obedecer la Escritura. Si el pastor-maestro no obedece 2 Timoteo 2:2, ¿por qué sus miembros deben obedecer Hebreos 13:17? En el momento que un ministro deja de buscar obedecer toda la Escritura, pierde su influencia.

Por esa razón los requisitos del anciano son tan importantes. Si los hijos del pastor son rebeldes, ¿cómo va a exhortar a la congregación a criar a sus hijos en la disciplina e instrucción del Señor? Sería un hipócrita.

Si un ministro no capacita a otros hombres para el ministerio, se exaltará a sí mismo como el único pastor del rebaño. Sin embargo, en el Nuevo Testamento el liderazgo de una iglesia siempre está en las manos de una pluralidad de hombres calificados (Hch. 14:23; 20:28; Fil. 1:1; Tit. 1:5-7; 1 P. 5:1-3). Ese grupo se describe con diferentes nombres, cada uno señalando una función en particular (ancianos, obispos, pastores, líderes). Pero la Biblia usa los términos de manera intercambiable porque describen a los mismos hombres.

La triste realidad es que la autoridad y el poder corrompen. Entonces, es sabio dividirlos entre varios, protegiendo así a las iglesias de pastores que, sin la protección de otros hombres, se convertirán en tiranos. Además, Dios dice que hay un solo Pastor Supremo sobre el rebaño, Cristo Jesús. Y Él pagó un precio demasiado alto como para dejar a su esposa *en las manos de otro jefe.*

Igualmente, si un ministro no capacita a otros hombres para el ministerio, se embarcará en un viaje hacia la descalificación. ¿Cómo atreverse a afirmar esto? Esto se debe a que, si un ministro no capacita a otros hombres, jamás será capaz de delegar responsabilidades. Ministrará en cada funeral; oficiará cada boda; predicará en cada servicio; visitará a cada enfermo en el hospital. Como resultado de ello no podrá gobernar bien su casa; su esposa y sus hijos serán desatendidos y la familia entera guardará rencor contra la iglesia.

Por ello la necesidad de que el siervo fiel capacite a otros hombres de Dios de modo que, juntos, puedan servir a la iglesia de Cristo para la gloria de Dios.

PREGUNTAS PARA REFLEXIONAR EN GRUPO

- ¿Por qué crees que Dios enfatiza la necesidad de una pluralidad de pastores en la iglesia?

- ¿De qué maneras prácticas tu iglesia podría comenzar a desarrollar futuros pastores?

- ¿Qué elementos de la forma en que Jesús capacitó a otros son los que te llaman más la atención?

3

Un siervo fiel predica fielmente la Palabra

DAVID ROBLES

Hay una guía segura e infalible para llegar a la verdad, y por lo tanto, una, y solo una vía para corregir el error: la Palabra de Dios.

G. Campbell Morgan

¿Quién es un predicador fiel de la Palabra? A lo largo de la historia de la humanidad ha habido muchos expositores fieles de la Palabra. Gracias a Dios, sigue habiendo algunos en la actualidad. Esdras, el escriba, dedicó su corazón a estudiar, practicar y enseñar la ley de Dios. Juan el Bautista se entregó por completo a la misión encomendada de anunciar al Mesías. El apóstol Pablo viajó por todo el mundo conocido en su época proclamando el evangelio de Jesucristo, así como todo el consejo de Dios. La mayoría de nosotros hemos leído algún libro o escuchado alguna referencia biográfica sobre hombres de Dios que se caracterizaron por exponer fielmente la Palabra: desde los prerreformadores hasta los predicadores contemporáneos, pasando por aquellos que Dios usó por medio de la predicación fiel de la Palabra para producir, por el poder de su Espíritu, grandes avivamientos. Entre ellos se puede contar a la misma Reforma o los incluidos en el Gran Despertar. Todos estos hombres han tenido distintas particularidades; incluso algunos han sido muy peculiares. Sus personalidades eran distintas, sus familias diferentes, sus procedencias diversas, sus idiomas variados; sin embargo, ¿qué tenían todos ellos en común? Eran predicadores fieles de la Palabra.

¿Qué caracteriza a un predicador fiel de la Palabra? ¿Se caracteriza por su popularidad?, ¿se identifica por atraer y reunir masas en su congregación?, ¿por el número de libros que vende?, ¿por la cantidad de seguidores que aglutina en las redes sociales?, ¿por las invitaciones que recibe para predicar en otras iglesias o conferencias? ¡Ojalá todos los predicadores fieles contemporáneos fueran famosos! Así alcanzarían al mayor número de personas con la proclamación fiel de Cristo y su Palabra. Sin embargo, nada de esto identifica necesariamente al verdadero predicador fiel de la Palabra. Todos los expositores fieles del Libro, históricos o contemporáneos, conocidos o anónimos, se caracterizan específicamente por sostener inquebrantablemente un concepto adecuado de la Palabra y priorizar inequívocamente la predicación expositiva de la misma.

El predicador fiel sostiene inquebrantablemente un concepto adecuado de la Palabra

Esta característica del predicador fiel es eminentemente bibliológica. Lo que creamos de la Biblia nos llevará a predicar y observar exclusivamente lo que dice.

Tristemente son muchas las ocasiones en las que no se tiene un concepto adecuado de la Palabra y esto lleva inevitablemente a centrarse en cuestiones efímeras como las nuevas modas eclesiales, las ideas actuales que supuestamente atraen a las personas o los métodos populares considerados como los apropiados para alcanzar al mundo. Sin embargo, perseguir estos énfasis pasajeros lleva a relegar la Palabra a una posición secundaria, porque no se posee un alto concepto de ella. Lo que creemos acerca de la Palabra de Dios, y si lo creemos con plena convicción, no solo delimitará nuestra predicación, sino condicionará que tenga su fundamento exclusivamente en la Biblia o no. Así que la pregunta clave bajo esta característica del predicador fiel de la Palabra es:

¿Qué cree sobre la Biblia? Y la subsecuente es, ¿qué conlleva esto en la práctica?

En primer lugar, el predicador fiel cree que la Palabra de Dios es inspirada, es decir, ha salido directa y exclusivamente de la boca de Dios (2 Ti. 3:16-17). En segundo lugar, sostiene que la Palabra de Dios es inerrante, es decir, que no contiene error alguno en sus escritos originales. Dios es verdad y, por lo tanto, su Palabra es verdad; no tiene fallo alguno, al igual que su Emisor. Él ha prometido que la preservará así (Mt. 5:18). En tercer lugar, el expositor fiel afirma que la Palabra de Dios es infalible. Cree que no va a llevar, conducir, ni inducir al error cuando la proclama y la sigue. No se va a equivocar proclamando, ni obedeciendo las palabras de Dios (Jn. 17:17). En cuarto lugar, el heraldo fiel posee plena convicción de que la Biblia es suficiente, tanto para salvación como para santificación. Dios salva por su Palabra (1 P. 1:23) y santifica igualmente por medio de ella (1 P. 2:2). No necesitamos nada más para la vida y la piedad. Por último, el expositor fiel confía en la autoridad de la Palabra. Es la que tiene la primera y última palabra en todo. La Palabra que predica es la autoridad, no él (Mr. 1:22, 27; 1 Ti. 4:11).

El sostener inquebrantablemente un alto concepto de la Palabra no va a ser un «paseo por el parque», ya que la mentira y el error son los métodos principales de Satanás para engañar a las personas. Estos se infiltran sutilmente en las congregaciones e incluso en los púlpitos. Sin embargo, el llamado pastoral consiste en enseñar la sana doctrina y la verdad, refutando el error. Hemos de estar preparados y mentalizados «para pelear la buena batalla de la fe» (1 Ti. 6:12). Esto es crucial para la salvación de las personas y el bienestar espiritual del rebaño, además de un requisito ineludible del siervo fiel (Tit. 1:9), quien ha de estar alerta y advertido de la realidad de la batalla espiritual por la verdad de Dios, y por la que ha de pelear (Jud. 3).

Cuando el expositor bíblico tiene la convicción plena e inamovible de que la Biblia es inspirada, inerrante, infalible, suficiente y autoritativa, ¿qué conllevará esto en la práctica? Peleará la buena batalla de la fe priorizando inequívocamente la predicación expositiva, incluso si no está de moda o no hay quién la quiera escuchar (2 Ti. 4:2-5).

El predicador fiel prioriza inequívocamente la predicación expositiva de la Palabra

La primacía de la Palabra y la centralidad del púlpito es un requisito *sine qua non* de un predicador fiel. La Biblia es la autoridad porque es el *verbum Dei*, la Palabra de Dios y, como tal, el mandato principal del pastor es predicarla (2 Ti. 4:2). La suprema autoridad de las Escrituras demanda una visión elevada del púlpito, siendo este prioritario en la vida de la Iglesia. Esta convicción nos ha de llevar a dar prioridad al ministerio de la Palabra, que ha de ser central y principal. «Lo que Dios tiene que decir al hombre es infinitamente más importante que lo que el hombre tiene que decir a Dios».[1] El objetivo del predicador fiel es que las personas que lo escuchan quiten sus ojos de sí mismos, del mundo, incluso del predicador, y los pongan en Dios. Por lo tanto, un siervo que desea cumplir con su llamado divino y entiende que su prioridad es la predicación de la Palabra, ¿a qué otra cosa se va a dedicar? ¿Por cuáles cantos de sirena se dejaría embaucar?

¿Dónde están esos hombres en la actualidad? ¿Cuántos encontraremos en los púlpitos de las iglesias actuales? En palabras de Matthew Poole, puritano del siglo XVII: «Un hombre adecuadamente cualificado para esta gran y dura labor de declarar la mente de Dios, hay muy pocos, uno entre mil». Uno de esos hombres fue el reformador Juan Calvino. Muchos lo conocen por su prolífera obra escrita o por su teología, pero lo que no todos saben es que, en realidad, su prioridad fue la exposición bíblica. De ahí surgió todo lo demás. Su predicación se dedicaba a exponer el texto bíblico para instrucción, corrección, exhortación

---

1. John Calvin, *Commentaries on the Epistles to Timothy, Titus and Philemon* [Comentario a las Epístolas de Timoteo, Tito y Filemón], William Pringle, traductor (Grand Rapids, MI: Baker Books, 1979 reprint), p. 91.

y reprensión. Así, además de explicar las Sagradas Escrituras, las aplicaba a través de enseñanzas cargadas de instrucción práctica. Este era el «Calvino real»: el expositor bíblico que consideraba el púlpito como el corazón de su ministerio. Una de sus frases célebres resume bien su prioridad: «Toda nuestra tarea se limita al ministerio de la Palabra de Dios, toda nuestra sabiduría al conocimiento de su Palabra, toda nuestra elocuencia a su proclamación».[2] De esta manera, Calvino predicaba dos veces cada domingo y cada día de la semana.

¿Dónde están estos hombres? ¿Dónde están esos púlpitos? Parafraseando al príncipe de los predicadores, Spurgeon: Queremos nuevos «Luteros», «Calvinos», «Bunyans», «Whitefields» que sean el regalo de Cristo para su Iglesia, a su debido tiempo. Que sus labios hayan sido tocados con carbones encendidos y sean poderosos instrumentos en manos del Espíritu. Al igual que Spurgeon, hoy oramos que Dios reafirme y levante hombres que regresen a la centralidad del púlpito porque creen en la inspiración, inerrancia e infalibilidad de las Escrituras. Clamamos que la prediquen como lo único que necesitamos desde esos púlpitos a los que se dedican como su labor principal y llamado. Que a quienes Dios nos ha escogido para tan alto llamado seamos pupilos constantes de las Sagradas Escrituras, adheridos al pupitre sagrado en nuestro estudio diligente de las mismas. Entreguémonos de continuo al ministerio de la Palabra (Hch. 6:4). Procuremos con diligencia presentarnos a Dios aprobados, como obreros que no tienen de qué avergonzarse, que manejan con precisión la palabra de verdad (2 Ti. 2:15).

¿Cómo identificar a un predicar fiel? ¿Cómo llegar a serlo? El predicador fiel no está de moda necesariamente, ni tampoco sigue la corriente actual. Ni siquiera lo identificarás por ser el que más éxito obtiene a los ojos de los hombres. El predicador fiel sostiene inquebrantablemente en alto la Palabra de Dios y

2. John Calvin, *Institutes of the Christian Religion* (1536 edition) [Institución de la Religión Cristiana], Ford Lewis Battles, traductor (Grand Rapids, MI: Eerdmans Publishing Co., 1975), p. 195.

prioriza inequívocamente la predicación expositiva de las Escrituras. «La iglesia siempre está buscando *métodos* mejores para alcanzar al mundo. Pero Dios está buscando mejores hombres que se comprometan con su método bíblico para el avance de su reino: la predicación—y no cualquier tipo de predicación, sino la predicación expositiva».[3]

PREGUNTAS PARA REFLEXIONAR EN GRUPO

- ¿Podrías dar una definición en tus palabras de qué es predicación expositiva?

- ¿Cuál es la razón de que, a pesar de que hay tanta predicación hoy, no hay muchos que predican como Jesús?

- ¿Crees que el predicador bíblico siempre agradará a su audiencia con el mensaje? Explica tu respuesta.

3. Steve J. Lawson, *El genio expositivo de Juan Calvino*, (Colombia, Poiema Publicaciones, 2018), p. 16.

4

Un siervo fiel es un teólogo

EVIS CARBALLOSA

Lo que concierne a la verdad no puede abandonarse, aun a costa del sacrificio de nuestra vida. **Ulrico Zwinglio**

Entre los varios dones que Dios el Espíritu Santo otorgó a la Iglesia está el de pastor o pastor-maestro. El vocablo «pastor» (*poimén*) significa «el que cuida un rebaño». El pastor tiene la responsabilidad de velar, proteger, guiar y alimentar al rebaño que ha sido puesto bajo su cuidado; a veces, incluso, arriesgando su vida.

En lo que concierne a la Iglesia cristiana, el pastor es la persona que espiritualmente conduce y alimenta el rebaño que Dios ha puesto bajo su responsabilidad. El ministerio pastoral es, sin duda, el más difícil que existe dentro de la Iglesia. Exige arduas horas de trabajo, preocupaciones y desvelos de parte de quien toma en serio el llamado del Señor para el ejercicio de esa tarea. El pastor que ha sido genuinamente llamado y dotado por el Espíritu Santo debe tomar en serio las palabras del apóstol Pablo a los ancianos de Éfeso: «Tengan cuidado de sí mismos y de toda la congregación, en medio de la cual el Espíritu Santo les ha hecho obispos para pastorear la iglesia de Dios, la cual Él compró con Su propia sangre» (Hch. 20:28). La exhortación de Pablo a los ancianos y pastores de Éfeso está vigente hoy día.

El pastor del siglo XXI también es puesto en la Iglesia por el Espíritu Santo con el propósito de proteger, enseñar y apacentar la congregación. El pastor debe ser un maestro-teólogo capaz de enseñar y equipar a los miembros de la congregación para que realicen la obra del ministerio. Los santos que forman parte de una asamblea cristiana deben ser «capacitados», «entrenados» o «perfeccionados» para realizar la obra del ministerio (Ef. 4:7-12). ***El pastor-teólogo seguro de su llamamiento estudia la palabra con seriedad, la interpreta con fidelidad y la proclama con integridad.***

El pastor-teólogo debe estudiar con disciplina y seriedad la Palabra de Dios

El apóstol Pablo, en su última epístola, exhorta a Timoteo, quien pastoreaba la iglesia en Éfeso: «Procura con diligencia presentarte a Dios aprobado, *como* obrero que no tiene de qué avergonzarse, que maneja con precisión la palabra de verdad» (2 Ti. 2:15).

El pastor como teólogo que está seguro de su llamamiento debe estudiar la Palabra de Dios con seriedad, de manera sistemática y profunda, sabiendo que la vida espiritual de la iglesia depende mucho del alimento espiritual proporcionado mediante las Sagradas Escrituras.

El pastor-teólogo debe enseñar con claridad la doctrina de Dios (teología propia)

La doctrina de Dios tiene que ver con la respuesta a la pregunta: ¿Quién es Dios y cómo es Dios? La fe cristiana descansa sobre el fundamento de que hay un solo y único Dios vivo y verdadero que existe, ha existido y existirá eternamente en tres personas. Dios es una sola y única esencia, una sola y única sustancia o realidad eterna. Pero ese solo y único Dios vivo y verdadero es una Trinidad de personas. El Padre es Dios, el Hijo es Dios, y el Espíritu Santo es Dios. El apóstol Pablo lo expresa así: «La gracia del Señor Jesucristo, el amor de Dios y la comunión del Espíritu Santo sean con todos ustedes» (2 Co. 13:14). En su epístola a los Efesios, el gran apóstol a los gentiles dice que el cristiano debe guardar la unidad del Espíritu en el vínculo de la paz y añade que hay «un solo cuerpo, y un Espíritu [...] un solo Señor, una sola fe, un solo bautismo, un solo Dios y Padre de todos, que está sobre todos, por todos y en todos» (Ef. 4:4-6).

El pastor-teólogo debe enseñar a la congregación la doctrina de la Santísima Trinidad porque esa es la enseñanza más fundamental de la fe cristiana. El hecho de que hay «un sólo Dios y un solo Mediador entre Dios y los hombres, Cristo Jesús hombre» (1 Ti. 2:5). Reitero de manera enfática que, por ser la verdad fundamental del cristianismo, el pastor-teólogo debe enseñar de manera clara a su congregación que hay un solo Dios que ha existido y existirá eternamente: Padre, Hijo, y Espíritu Santo.

Los escritores del Nuevo Testamento usan la expresión «escrito está» (*είναι γραμμένο*; *eínai gramméno*), o su equivalente, varias docenas de veces. Dicha frase es la traducción de una forma verbal que sugiere «autoridad divina». Equivale a decir: «está escrito y no se puede cambiar». Los apóstoles fueron guiados por el Espíritu Santo a escribir la Palabra de Dios libre de errores humanos. El Espíritu guio y guardó a un número escogido de hombres para que escribieran las Sagradas Escrituras. El apóstol Pedro escribió lo siguiente:

> *Pero ante todo sepan esto, que ninguna profecía de la Escritura es* asunto *de interpretación* [origen] *personal, pues ninguna profecía fue dada jamás por un acto de voluntad humana, sino que hombres inspirados* [movidos o transportados] *por el Espíritu Santo hablaron de parte de Dios.* (Anotaciones en corchetes del autor)
>
> — 2 P. 1:20-21

Lo que Pedro dice con claridad en esos versículos es que: 1) los autores del Nuevo Testamento no originaron lo que escribieron. 2) Dios usó a hombres escogidos por Él y los guio a seleccionar cada palabra escrita en las Escrituras. Dios escogió a hombres para que expresasen con vocabulario humano el mensaje de Dios. El Espíritu Santo, sin embargo, protegía a los escritores y los libraba de todo error. El pastor-teólogo puede y debe tener la absoluta seguridad de que cuando abre las Sagradas Escrituras para predicarlas está proclamando lo que es en verdad la Palabra de Dios. El apóstol Pablo, guiado por el Espíritu Santo, expresa claramente la autoridad divina de la Biblia de esta manera: «Toda Escritura es inspirada por Dios y útil para enseñar, para reprender, para corregir, para instruir en justicia, a fin de que el hombre de Dios sea perfecto, equipado para toda buena obra» (2 Ti. 3:16-17).

El pastor-teólogo debe ser un especialista en la doctrina de las Sagradas Escrituras porque «toda la Escritura» procede de Dios. El texto dice que Dios «sopló» las Sagradas Escrituras. La idea de «soplar» tiene que ver con el origen de la Palabra de Dios. Toda la Escritura, sin excepción, tiene su origen en Dios. En última instancia, Dios es el autor absoluto de las Sagradas Escrituras.

El último mandato de Pablo a su amado discípulo Timoteo fue el siguiente: «Predica la palabra. Insiste a tiempo y fuera de tiempo. Amonesta, reprende, exhorta con mucha paciencia e instrucción» (2 Ti. 4:2). Seguidamente Pablo explica a Timoteo la razón de predicar la Palabra: «Porque vendrá tiempo cuando no soportarán la sana doctrina, sino que teniendo comezón de oídos, conforme a sus propios deseos, acumularán para sí maestros, y apartarán sus oídos de la verdad, y se volverán a los mitos» (2 Ti. 4:3-4). Tal actitud es diametralmente opuesta al mandato apostólico de «proclamar las Sagradas Escrituras» en todo tiempo y bajo cualquier circunstancia como lo expresa la frase «a tiempo y fuera de tiempo» (*eukairōs akairōs*).

El pastor-teólogo debe enseñar y proclamar la Palabra de Dios cuando el tiempo es propicio o cuando es turbulento. El pastor-teólogo debe proclamar y enseñar tanto el hecho de que hay un Dios Trino como que las Sagradas Escrituras son la Palabra de Dios inerrante, infalible y con autoridad final. La persona de Jesucristo debe ser exaltada por el pastor-teólogo de manera clara y terminante. Cristo dijo: «Porque ni aun el Padre juzga a nadie, sino que todo juicio se lo ha confiado al Hijo, para que todos honren al Hijo así como honran al Padre. El que no honra al Hijo, no honra al Padre que lo envió» (Jn. 5:22-23).

Como se ha señalado ya, el cristianismo es una fe trinitaria. Si no hay Trinidad, no puede haber cristianismo. Eso significa que Jesucristo tiene que ser Dios y poseer los mismos atributos y la misma gloria que el Padre y el Espíritu Santo poseen. El apóstol Pedro enfatizó esa verdad en el sermón que predicó el día de Pentecostés (Hch. 2). Este sermón de Pedro es el más contundente de todo el Nuevo Testamento con la excepción del Sermón del Monte. El sermón de Pedro fue biblio-céntrico. El apóstol apela a las Sagradas Escrituras para destacar que todo lo que ocurre el día de Pentecostés está en completa armonía con los planes y propósitos de Dios.

El apóstol apunta hacia el capítulo 2 del profeta Joel y declara que lo ocurrido el día de Pentecostés es un anticipo de lo que Dios hará en los días que procederán a la Segunda Venida de Cristo en gloria. Señala, además, que lo ocurrido con la muerte de Cristo es un hecho histórico que armoniza con el plan soberano de Dios: «Este fue entregado por el plan predeterminado y el previo conocimiento de Dios, y ustedes lo clavaron en una cruz por manos de impíos y *lo* mataron. Pero Dios lo resucitó, poniendo fin a la agonía de la muerte, puesto que no era posible que Él quedara bajo el dominio de ella» (Hch. 2:23-24).

El apóstol Pedro señala el hecho de que la muerte de Cristo tuvo lugar por «el plan predeterminado y el previo conocimiento de Dios». La muerte de Cristo no fue un accidente, sino algo planeado por la Santísima Trinidad como parte del consejo eterno de Dios. Pedro señala tres cosas:

- La realidad histórica de la muerte de Cristo (Hch. 2:23).
- La realidad histórica de la resurrección de Cristo para que se sentase en el trono de David (Hch. 2:30-31).
- La realidad de que él y los otros apóstoles fueron testigos de la resurrección de Cristo (Hch. 2:32).

El pastor-teólogo deber ser un fiel proclamador de la persona de Cristo. Su mensaje debe estar saturado de Jesucristo. Además, su sermón y su teología deben ser primeramente centrados en Cristo. La realidad es la siguiente: si Cristo no resucitó de los muertos, ningún ser humano puede ser salvo, porque el perdón de pecados que Dios otorga depende fundamentalmente del hecho de la muerte y la resurrección de Cristo. El apóstol afirma: «y si Cristo no ha resucitado, la fe de ustedes es falsa; todavía están en sus pecados» (1 Co. 15:17). El pastor-teólogo debe ser un fiel proclamador de la verdad histórica de que ¡Cristo Vive!

El pastor-teólogo debe enseñar y proclamar con claridad que el Espíritu Santo es una persona divina que participa eternamente con el Padre y con el Hijo en el plan soberano de Dios. La persona del Espíritu Santo ha sufrido abuso por parte de pastores, predicadores y pseudoteólogos a lo largo de la historia de la Iglesia. Algunos han negado la personalidad del Espíritu, otros han negado su deidad. Hay otros que han negado ambas cosas.

El pastor-teólogo debe profundizar en el estudio de las Sagradas Escrituras para entender que la Palabra enseña que el Espíritu posee los atributos de la personalidad. El Espíritu tiene sensibilidad, inteligencia y voluntad (ver 1 Co. 12:1-11). El Espíritu es considerado uno con el Padre y con el Hijo (ver Mt. 3:16-17; 2 Co. 13:14).

El Espíritu Santo es llamado Dios en Hechos 5:4. El mismo Señor Jesucristo llama al Espíritu Santo «el Consolador» (Jn. 14:26). También lo llama el «Espíritu de verdad» (Jn. 15:26; 16:13). El Espíritu Santo es quien bautiza, es decir, posiciona al creyente en el cuerpo de Cristo, o sea, en la Iglesia (1 Co. 12:13).

El pastor-teólogo debe enseñar a la congregación que Él realiza un ministerio o *multiministerio* de vital importancia en la Iglesia, tanto en la Iglesia universal como en la iglesia local. Pero no solo eso, el Espíritu Santo ha estado presente y activo en todo lo que tiene que ver con la Deidad porque es una persona divina que forma parte de la Sagrada Trinidad. El Espíritu Santo está en comunión eterna con el Padre y con el Hijo (Is. 48:16). El Espíritu Santo participó de la creación original de «los cielos y la tierra» (Gn. 1:1-2). El Espíritu Santo es omnipresente (Sal. 139:7-12).

Todo lo que los santos profetas de Dios hablaron y escribieron fue por el ministerio del Espíritu Santo (2 P. 1:20-21).

El ministerio terrenal de Jesucristo desde su concepción hasta su muerte estuvo relacionado con el Espíritu Santo: su concepción, su bautismo, su tentación, sus milagros, su muerte, su resurrección, su exaltación a la diestra del Padre, su regreso en gloria como juez del universo y su reino mesiánico, todo ello está relacionado con el ministerio del Espíritu Santo. El pastor-teólogo debe enseñar a la congregación los diferentes ministerios del Espíritu a lo largo de la historia de la revelación. Debe enseñarle que el Espíritu revela las verdades dadas por Dios, inspiró a los profetas y apóstoles para que escribiesen la Palabra de Dios e ilumina a los creyentes para que comprendan el significado de las Escrituras.

El Espíritu Santo realiza la obra de la regeneración (Jn. 3). También bautiza [identifica] al creyente con el Cuerpo de Cristo (1 Co. 12:13). Además, el Espíritu sella al creyente, es decir, le confirma que es propiedad de Dios (Ef. 4:30) y le ofrece el privilegio de vivir una vida bajo el control de Dios (Ef. 5:18). El pastor-teólogo debe enseñar cuidadosamente a su congregación que el Espíritu Santo ha regalado a la Iglesia un número importante de dones para la realización del ministerio y el crecimiento del cuerpo de Cristo. Algunos de estos dones han cesado porque ya cumplieron su cometido y actualmente no son necesarios. Otros, como el de pastor, maestro, evangelista, administrador, exhortación, dar, orar y algunos otros permanecen vigentes y contribuyen al desarrollo y crecimiento de la iglesia. El pastor-maestro debe instruir cuidadosamente a la iglesia respecto del importante ministerio del Espíritu Santo.

El pastor-teólogo debe estudiar con seriedad, interpretar con fidelidad y proclamar con integridad el mensaje de la condición perdida del hombre

El pastor-teólogo está bajo la directa obligación de predicar con claridad el evangelio de la gracia de Dios. El pastor-teólogo debería imitar al apóstol Pablo quien escribió a los corintios:

«Porque si predico el evangelio, no tengo nada de qué gloriarme, pues estoy bajo el deber de *hacerlo*. Pues ¡ay de mí si no predico el evangelio!» (1 Co. 9:16).

El hombre perdido y muerto en delitos y pecados necesita con urgencia el mensaje de salvación contenido en el evangelio de la gracia de Dios. Todo ser humano nace en este mundo con una incapacidad espiritual y moral de reivindicarse delante de Dios. El pastor-teólogo tiene la responsabilidad de exponer lo que Dios dice desde el Génesis al Apocalipsis tocante a la condición moral y espiritual del hombre. La Escritura dice: «por cuanto todos pecaron y no alcanzan la gloria de Dios» (Ro. 3:23). También la Palabra de Dios dice: «Ciertamente no hay hombre justo en la tierra, que haga el bien y nunca peque» (Ec. 7:20). El pastor-teólogo, por lo tanto, debe ser enfático al exponer las Escrituras y explicar con toda claridad y compasión que el hombre se ha rebelado contra Dios. Desde la desobediencia de Adán hasta el día presente, el hombre ha desobedecido a Dios y no hay nada que puede hacer de sí mismo o por sí mismo para remediar su situación. El único recurso al que el ser humano puede apelar es la gracia soberana de Dios.

El pastor-teólogo debe estudiar con seriedad, interpretar con fidelidad y proclamar con integridad que no hay salvación ni esperanza fuera de Jesucristo

En un sermón delante de los religiosos judíos el apóstol Pedro declaró: «En ningún otro hay salvación, porque no hay otro nombre bajo el cielo dado a los hombres, en el cual podamos ser salvos» (Hch. 4:12).

Este versículo es muy enfático. En el texto original hay tres negaciones. El apóstol dice literalmente: «No hay ninguna otra manera de salvación en ningún otro». Es decir, el pastor-maestro debe proclamar enfáticamente que «fuera de Cristo» no hay salvación. No hay religión, ni liturgia, ni sacrificio, ni ofrenda, ni sacramento que pueda salvar al pecador. La salvación es un regalo de la gracia soberana de Dios a todo aquel que pone su fe en Cristo. El Señor Jesús dijo: «En verdad les digo: el que oye Mi palabra y cree al que me envió, tiene vida eterna y no viene a condenación, sino que ha pasado de muerte a vida» (Jn. 5:24). El apóstol Juan afirma lo siguiente: «Y el testimonio es este: que Dios nos ha dado vida eterna, y esta vida está en Su Hijo. El que tiene al Hijo tiene la vida, y el que no tiene al Hijo de Dios, no tiene la vida» (1 Jn. 5:11-12).

El pastor-teólogo debe ser claro y preciso al proclamar que hay un solo camino al cielo. Solo hay una puerta de entrada al cielo, es decir, Jesucristo. Él lo dijo de manera sencilla y clara: «Yo soy el camino, y la verdad y la vida; nadie viene al Padre, sino por Mí» (Jn. 14:6).

El pastor-teólogo debe aprovechar todas las oportunidades posibles para enseñar a toda la congregación el plan de Dios para salvar a pecadores. Debe hacerlo mediante la exposición clara de las Sagradas Escrituras. El sermón evangelístico es a la vez sencillo y profundo. Pablo respondió a la pregunta del carcelero en Filipos con una afirmación en el modo imperativo. La pregunta fue: «¿qué debo hacer para ser salvo?» (Hch. 16:30). La respuesta sencilla pero enfática fue: «Cree en el Señor Jesucristo, y serás salvo, tú y tu casa» (Hch. 16:31). La sencillez del evangelio de la gracia es eficaz para cualquier persona sin importar su trasfondo académico, cultural, racial o religioso. El pastor-teólogo debe saber guiar a pecadores a Cristo para que el Señor los salve por la fe en Él. Cristo dijo: «Mis ovejas oyen mi voz, y yo las conozco, y me siguen, y yo les doy vida eterna; y no perecerán jamás, ni nadie las arrebatará de mi mano. Mi Padre que me *las* dio, es mayor que todos, y nadie *las* puede arrebatar de la mano de mi Padre. Yo y el Padre uno somos» (Jn. 10:27-30).

Los *universalistas* creen que todo ser humano ya es salvo, solo que no lo sabe. Dicen que evangelizar es simplemente decirle lo que no saben, es decir, que ya es salvo. Otros creen que la caída del hombre no fue «hacia atrás», sino hacia adelante. Dicen que la caída fue un progreso, no un retroceso. Por supuesto, eso es totalmente contrario a la enseñanza de la Palabra de Dios. Es importante recordar que, «El Hijo del Hombre vino a buscar y a salvar lo que se había perdido» (Lc. 19:10). Él tuvo que venir y «buscar y a salvar lo que se había perdido» porque «lo que se había perdido» es totalmente incapaz de buscarlo a Él. El apóstol Pablo dice que «...Cristo Jesús vino al mundo para salvar a los pecadores» y añade «entre los cuales yo soy el primero» (1 Ti. 1:15).

El apóstol también manda a Timoteo que «haga la obra de evangelista» y que «cumpla su ministerio» (2 Ti. 4:5). El pastor-teólogo no solo debe ser un proclamador del evangelio de la gracia de Dios, sino que debe enseñar a su congregación a evangelizar a los perdidos. Es la responsabilidad del pastor-teólogo enseñar a su congregación cómo presentar el evangelio a los inconversos. El pastor-teólogo debe enseñar a la congregación que, después de adorar a Dios, no hay tarea más importante para la Iglesia que la de proclamar el evangelio de la gracia de Dios. Evangelizar es tarea no solo del pastor sino de todos los miembros de la congregación.

El pastor-teólogo debe enseñar con fidelidad las verdades bíblicas relacionadas con la consumación de los tiempos

En la oración modelo Jesús enseñó a sus discípulos a orar, diciendo: «Padre nuestro que estás en los cielos, Santificado sea Tu nombre. Venga Tu reino. Hágase Tu voluntad, Así en la tierra como en el cielo» (Mt. 6:9-10). Este trozo del «Padre Nuestro» deja bien claro que el reino al que el Señor se refiere es una realidad futura. Además, ese reino se caracterizará por el hecho de que la voluntad de Dios se hará en la tierra tal como se hace en el cielo.

El pastor-teólogo debe estudiar y enseñar con fidelidad las verdades relacionadas con los acontecimientos de los últimos tiempos, es decir, la escatología bíblica. El apóstol Pablo exhorta a Timoteo, pastor de la iglesia en Éfeso, de esta manera: «En la presencia de Dios y de Cristo Jesús, que ha de juzgar a los vivos y a los muertos, por Su manifestación y por Su reino te encargo solemnemente: Predica la palabra. Insiste a tiempo y fuera de tiempo. Amonesta, reprende, exhorta con mucha paciencia e instrucción» (2 Ti. 4:1-2).

Pablo hace un llamado solemne y enfático a su discípulo Timoteo y llama la atención al hecho de que Jesucristo regresará de nuevo a la tierra. Cuando venga, lo hará para juzgar a vivos y a muertos (Mt. 24:27-31). El pastor-teólogo tiene la solemne responsabilidad de enseñar y proclamar con toda fidelidad, seriedad, erudición, pasión y compasión las verdades relacionadas con los acontecimientos futuros. El centro de esos acontecimientos es la Segunda Venida de Cristo con poder, gloria y majestad para establecer su reino de paz, justicia, santidad y gloria (Ap. 19:11–20:6).

El pastor-teólogo debe enseñar y proclamar con claridad que Cristo recogerá su Iglesia y la trasladará a la presencia del Padre (1 Ts. 4:13-18). Debe enseñar y proclamar que habrá un período de siete años de gran tribulación sobre la tierra, durante el cual el Señor recogerá y salvará a un remanente de la nación de Israel después de hacerla pasar por la semana setenta profetizada en Daniel. (Dn. 9:24-27; Mr. 13:1-37; 2 Ts. 2:1-12; Ro. 9:27-33, 11:25-36).

Jesucristo regresará a la tierra con poder y gran gloria (Ap. 19:11-16; Lc. 21:25-32). El Señor regresará a la tierra para sentarse en el trono de David (Is. 9:6-7, 11:9-16, 35:1-10). Dios estableció un pacto incondicional con David, prometiéndole «una casa», «un trono» y «un reino» en perpetuidad. El pastor-teólogo debe estudiar cuidadosamente los acontecimientos relacionados con la Segunda Venida de Cristo a la tierra y ser capaz de exponer esos temas con claridad y convicción. Las Sagradas Escrituras enseñan que la Segunda Venida de Cristo a la tierra es un tema de gran importancia, como lo demuestra el hecho de que por cada vez que se menciona la primera venida del Señor hay ocho menciones a la Segunda Venida. Es lógico pensar que un tema que se repite tantas veces debe ocupar un lugar prominente en la revelación que Dios ha dado a su pueblo.

El pastor-teólogo debe entender y proclamar con toda claridad que Dios diseñó un plan perfecto en la eternidad. En ese plan Dios se propuso manifestar su gloria y su reino eternos dentro del tiempo, dentro de la historia y en medio de los hombres. Las Sagradas Escrituras nos revelan cómo Dios está desarrollando su plan eterno. El primer libro de la Biblia nos dice cómo Dios comenzó su plan. El último libro de la Biblia, Apocalipsis, pone de manifiesto cómo Dios culminará su plan eterno y glorioso.

El pastor-teólogo seguro de su llamamiento interpreta las Sagradas Escrituras con seriedad y fidelidad. Eso requiere que su interpretación de la Palabra sea normal, natural y llana, es decir, literal. Esa actitud hermenéutica conduce insoslayablemente a la conclusión de que habrá un reino literal, visible e histórico del Mesías en la tierra y que ese reino mesiánico durará mil años. Después de cumplidos esos mil años, el Mesías continuará reinando por toda la eternidad futura. Esa fue la promesa que Dios hizo a David (2 S. 7:12-16). A través del profeta Isaías, Jehová Dios declara cómo será ese reino milenario (Is. 11:1-16). El Mesías se sentará sobre el trono de David y reinará sobre la nación de Israel y sobre pueblos gentiles (Is. 9:6-7).

El ángel Gabriel confirmó a la virgen María el cumplimiento de la promesa hecha por Dios a David (Lc. 1:30-33). El reino de Dios en la tierra mediado a través de un descendiente de David es un tema prioritario en las Sagradas Escrituras, particularmente en el Antiguo Testamento. Después del reino milenario, el Mesías continuará reinando en el reino eterno de Dios (ver Ap. 22).

El pastor-teólogo debe ser capaz de exponer y proclamar de manera clara y precisa la culminación del plan eterno de Dios

El pastor-teólogo seguro de su llamamiento estudia con seriedad la Palabra de Dios, la interpreta con fidelidad de manera normal, natural, literal, y la proclama con integridad. Si lo hace así la conclusión incuestionable es que la historia culminará con un reinado terrenal del Mesías, quien cumplirá la promesa de Dios hecha a David (2 S. 7:14-16).

El pastor-teólogo que interpreta las Escrituras con fidelidad no pasa por alto el hecho de que todo el Antiguo Testamento enseña que el Mesías reinará en la tierra con poder y gloria. Apocalipsis 20:1-6 aporta que ese reino durará mil años. Cuando los mil años se cumplan, Dios inaugurará su reino eterno.

El pastor-teólogo seguro de su llamamiento estudia la Palabra con seriedad, la interpreta con fidelidad y la proclama con integridad. No pasa por altos los problemas morales de la sociedad contemporánea. Debe denunciar prácticas morales que son contrarias a las enseñanzas de las Sagradas Escrituras. El pastor-teólogo comprometido con la Palabra de Dios debe oponerse y denunciar la práctica del aborto, el homosexualismo, drogadicción y cualquier otra clase de vicios que destruyen la sociedad y la familia.

La sociedad moderna acepta la filosofía relativista y postmodernista. Dice que Dios no existe y que si existiera no haría falta. Dice que nada es bueno en sí y nada es malo en sí. El pastor-teólogo debe saber confrontar el posmodernismo mediante el uso correcto de las Sagradas Escrituras. El apóstol Pablo expresa con toda claridad las características de la sociedad moderna en 1 Timoteo 4 y 2 Timoteo 3. El pastor-teólogo tiene la responsabilidad de enseñar a la congregación cómo hacer frente a la inmoralidad que se ha introducido en la sociedad.

Esa inmoralidad se ha introducido con fuerza por los medios de comunicación. La televisión, las películas y la página impresa, es decir, periódicos y revistas, están saturadas de enseñanzas contrarias a las Sagradas Escrituras. Algunos países de habla castellana tienen ministros de educación homosexuales que influyen sobre las vidas de niños y adolescentes. Es sumamente importante que el pastor-teólogo instruya a las familias en su congregación sobre cómo hacer frente a esas influencias dañinas y perversas que afectan a un número importante de comunidades. La exposición seria de la Palabra de Dios, basada sobre un estudio sistemático, una interpretación fiel y una proclamación íntegra de las Sagradas Escrituras, es la única respuesta adecuada al grave problema que la sociedad enfrenta hoy.

Ser pastor en el sentido bíblico del vocablo es un don dado por el Espíritu Santo a hombres llamados a realizar un ministerio concreto en la Iglesia que Cristo fundó el día de Pentecostés. El pastor tiene la responsabilidad de alimentar espiritualmente el cuerpo de Cristo. Todo cuerpo necesita alimento para sobrevivir. El alimento de la Iglesia es la Palabra de Dios.

El pastor debe ser un teólogo, es decir, un maestro de las doctrinas escritas en las Sagradas Escrituras. El pastor-teólogo tiene la solemne responsabilidad de enseñar y proclamar todo el consejo de Dios. Para poder cumplir con su ministerio debe estudiar la Palabra de Dios con seriedad, interpretarla con fidelidad y predicarla con integridad. Si lo hace así escuchará, a su tiempo, las siguientes palabras del Señor: «Buen siervo fiel».

PREGUNTAS PARA REFLEXIONAR EN GRUPO

- ¿Consideras que todo pastor está llamado a ser un teólogo? Explica tu respuesta.

- ¿Cuáles son las doctrinas principales que el pastor-teólogo debe enfatizar?

- ¿Por qué crees que un entendimiento correcto de la persona de Jesucristo es fundamental para identificar a un siervo fiel?

5

Un siervo fiel cuida de su Familia

ALEJANDRO PELUFFO

Si Dios no es el señor de tu familia, el diablo lo será... por el contrario, si consagras tu familia a Dios, Él será su Protector.

Richard Baxter

Las Epístolas Pastorales subrayan que un hombre fiel cuida de su familia.

> *Un obispo debe ser, pues, irreprochable, marido de una sola mujer... Que gobierne bien su casa, teniendo a sus hijos sujetos con toda dignidad; (pues si un hombre no sabe cómo gobernar su propia casa, ¿cómo podrá cuidar de la iglesia de Dios?).*
>
> — 1 Ti. 3:2, 4-5

> *Lo designarás, si el anciano es irreprensible, marido de una sola mujer, que tenga hijos creyentes, no acusados de disolución ni de rebeldía. Porque el obispo debe ser irreprensible como administrador de Dios...*
>
> — Tit. 1:6-7

Que se hable de la familia del pastor en las dos listas que enumeran sus virtudes requeridas nos indica que el hogar revela y valida el verdadero carácter del líder. No hay nada que pruebe más y mejor el carácter de un hombre que su propia familia. Ambas listas hablan de ser «irreprensibles», lo cual no significa perfección sino reputación pública incuestionable. Lo genuino de la piedad y fidelidad de un hombre se ve sobre todo en su casa, donde nadie lo ve, y donde es imposible fingir lo que no se es. La forma más rápida de determinar si un hombre está capacitado para guiar o iniciar una iglesia es evaluar qué tan efectivamente guía a su esposa e hijos. Los hogares son, como decían los puritanos, «pequeñas iglesias», donde los pastores o los llamados a serlo viven el evangelio y lo aplican a sus miembros.

Paradójicamente, la familia del pastor está expuesta a muchas presiones y riesgos que no experimenta una familia «normal». Ellos sienten como si vivieran en una pecera, donde todo está expuesto y es objeto de constante escrutinio. Las horas de trabajo no están claramente delimitadas, de tal forma que los miembros llaman en cualquier momento del día, de la noche, y aun de las vacaciones. Cualquier problema parece más urgente que jugar con los hijos, pasear con la esposa o simplemente descansar. El pastor sabio debe ser intencional y deliberado en este punto (su familia debería figurar en su agenda) pues, si pierde su hogar, lo pierde todo. Tanto él como su congregación deben recordar que ocuparse de las cosas de este mundo es algo espiritual si uno está casado (1 Co. 7:32-35), y que si uno no provee para los suyos (en cada dimensión de la vida) será peor que un incrédulo (1 Ti. 5:8).

Un siervo fiel mantiene una relación emocional con su esposa

De manera particular, la Escritura señala que lo irreprensible del siervo de Dios se evidencia por su fidelidad hacia su esposa. Al decir «marido de una sola mujer» en el contexto de ser irreprochable, se refiere a tener una reputación incuestionable en el área del sexo y el matrimonio. Esto implica ser fiel a los votos matrimoniales de una relación monógama, excluyendo cualquier tipo de promiscuidad sexual. Un pastor que comete adulterio queda automáticamente descalificado como ministro del Señor, además de causar vergüenza y tropiezo a su congregación y el reproche del mundo.

Esta es un área especialmente sensible que está alcanzando proporciones epidémicas. Debemos comprender que la mayoría de los casos de infidelidad matrimonial no comienzan con una decisión deliberada de experimentar relaciones sexuales fuera del matrimonio, sino de manera «inocente», «ingenua» o, mejor dicho, *necia* (Pr. 6:32). Consumar una infidelidad es simplemente un paso más en una larga cadena de eventos. Una sola decisión en una larga serie de malas decisiones.

Todo comienza mucho más atrás con erosión en la relación matrimonial. Ya no hay largas conversaciones cara a cara, el afecto físico es infrecuente, el descontento aumenta mientras la alegría se esfuma, hasta que llega el punto en que la pareja se siente «invisible». En ese estado, inevitablemente se encontrará alguna persona más atractiva en apariencia, carácter o personalidad. No importan los detalles, habrá algo de la otra persona que prometerá ofrecer lo que hace tiempo falta en el matrimonio. En poco tiempo se comenzará a disfrutar esa relación y se abrirá la puerta emocional solo reservada para la pareja. Un hombre sabio y piadoso se asustará en este punto, verá el peligro y huirá. Sin embargo, el disfrute es placentero y muchos siguen pensando que nunca pasará a mayores. En ese momento, no se trata de algo sexual sino solo emocional. Pronto se buscarán todas las oportunidades posibles para cruzarse con la otra persona y compartir tiempo, hasta que la relación crezca al grado de transformarse en una idea fija. En este punto, los sentimientos han tomado el control del razonamiento, es decir, un estado denominado «infatuación» o «enamoramiento». El adúltero emocional buscará confirmar si la otra persona tiene los mismos sentimientos, sondeando sutilmente con expresiones como «Realmente disfruto pasar tiempo contigo», «Ojalá mi esposa fuera como tú», etc. Al llegar a este punto, ya está atrapado (Pr. 7:22-23) y reducido a un «bocado de pan» (Pr. 6:26). El vínculo emocional es tan fuerte que ya no importa perder la familia, el ministerio, la reputación, incluso, negar a Dios. El siguiente paso inevitable es consumar este vínculo emocional con la intimidad física, en una aventura que acabará con todo (Pr. 6:33). Una sola decisión en una larga serie de malas decisiones. Y la experiencia nos muestra que aun las personas más consagradas pueden transitar este camino.[1] Por eso, conociendo su propia debilidad, un siervo de Dios hará todo lo posible por mantener su relación matrimonial emocionante y rodearse de hombres piadosos que puedan interpelarlo.

Un siervo fiel se ocupa responsablemente de sus hijos

La Palabra de Dios indica también que lo irreprensible del siervo de Dios se refleja en su forma de liderar a sus hijos. La palabra que Pablo usa para «gobernar» (*proístemi*) literalmente significa «pararse delante», y se traduce «presidir» (Ro. 12:8; 1 Ts. 5:12) o «gobernar» (1 Ti. 4–5, 12; 5:17). Pero *proístemi* tiene más la connotación de *ir* o *estar delante de alguien para protegerlo*, y de ahí la idea de *cuidar*. El concepto no apunta al ejercicio de poder sino a la discreción y cuidado que tiene quien está al frente. Tiene que ver con liderazgo protector u ocupación responsable (por eso en Tito 3:8, 14 se traduce «ocuparse»). Ser la cabeza del hogar involucra la tarea de cuidar, ser responsable de y proteger a aquellos bajo su cuidado. Por eso Pablo agrega «¿cómo podrá cuidar [*epiteléomai*] de la iglesia de Dios?» (1 Ti. 3:5), confirmando cuál es su intención al usar *proístemi* para describir el liderazgo del pastor tanto en la iglesia como en su propia casa.

Un siervo de Dios no ejerce señorío sobre sus hijos, sino que es responsable sobre ellos, dándoles protección y provisión (principalmente espiritual). La medida de cuán bien gobierna un padre a sus hijos es que ellos se sujetan a él de buena gana («con toda honestidad»). *Semnotes*, traducido «honestidad», implica

1. Tommy Nelson, *Better Love Now! Making Your Marriage a Lifelong Love Affair* [¡El mejor amor ahora! Haga de su matrimonio una historia de amor para toda la vida] (Nashville, TN: B&H, 2008), pp. 178-187. Menciona seis pasos: Erosión, Encuentro, Entusiasmo, Expedición, Expresión, Experiencia.

más que solo inspirar respeto, para incluir también reverencia y alabanza. Lo cual significa que los hijos serán obedientes o subordinados a su autoridad con una actitud venerable o de afecto mezclada con admiración.

En la frase paralela, en Tito 1:6, «que tenga hijos creyentes, no acusados de disolución ni de rebeldía», la palabra «creyentes» (*pistós*) no parece referirse a hijos convertidos, puesto que implicaría que la lista de Tito es más severa que la de Timoteo. Además, sería una contradicción teológica sugerir que un padre puede guiar a Cristo a sus hijos a voluntad. Si ese fuera el caso, no demostraría lo irreprensible del obispo, sino sus habilidades evangelísticas o bien la gracia de Dios sobre su vida al concederle la salvación a sus hijos. El problema con interpretar «hijos creyentes» como «hijos convertidos» es que no haría falta calificarlos como «no acusados de disolución ni de rebeldía», puesto que no es posible que un genuino creyente sea acusado de tales vicios.

El significado más plausible no es que sus hijos sean convertidos, sino que tengan la fe de sus padres, aunque sea como un asentimiento intelectual. Esto demostraría que el padre ha sido fiel enseñando la sana doctrina en casa y que es lo suficientemente respetable como para que sus hijos no contradigan sus creencias. Un hombre honorable o digno no puede convertir a sus hijos, pero sí es capaz de inspirar tanto respeto que sus hijos afirmen intelectualmente su fe. Como esa clase de fe no implica tener un nuevo corazón, Pablo agrega la disolución y la rebeldía. Aunque respetuoso de la fe familiar, tal hijo tendrá una inclinación natural a la desobediencia y la vida disoluta. Que no dé rienda suelta a esas inclinaciones hablaría también de la capacidad de liderazgo de un padre respetable.

Tal es el padre contemplado por Proverbios 17:6, cuando dice «la gloria de los hijos son sus padres». Los padres son el orgullo de sus hijos cuando viven vidas honorables, así como los miembros de una iglesia sienten orgullo de tener un pastor respetable y digno.

PREGUNTAS PARA REFLEXIONAR EN GRUPO

- ¿De qué maneras prácticas el ejemplo de Jesús puede ayudarte a ser un mejor esposo?

- ¿Cómo un siervo fiel puede evitar cometer adulterio en su matrimonio?

- A partir de este momento, ¿qué podrías mejorar para guiar a tus hijos hacia Jesús?

6

Un siervo fiel medita en la Palabra

JOSUÉ PINEDA DALE

Una Biblia casi totalmente despedazada normalmente pertenece a una persona que no lo está. **Charles Spurgeon**

El ser humano medita todo el tiempo, ya sea que activamente esté consciente de ello o no. Está meditando en algo constantemente, pensando y reflexionando, analizando y contemplando. Algo ocupa sus pensamientos todo el tiempo. Estos pensamientos son la fuente de la lógica, pasiones, deseos y, en consecuencia, de las acciones del ser humano. Entonces, ¿en qué medita? ¿Qué ocupa su mente más a menudo?

Con frecuencia el ser humano llena su mente de cosas vanas que en nada aprovechan. A menudo esta meditación lo lleva a pecar. Esto es lo que caracteriza al impío (Pr. 24:1-2), pero no debe caracterizar al hijo de Dios, quien es llamado a renovar su mente (Ro. 12:2). Otro Proverbio sirve de contraste entre el impío y el justo: «El corazón del justo medita cómo responder, pero la boca de los impíos habla lo malo» (Pr. 15:28). Por eso es clave cómo y con qué se alimenta la mente, ya que será la base de las acciones y de la identidad misma de la persona.

Meditar continuamente en la Palabra de Dios es una disciplina espiritual fundamental para la vida del creyente. Es una disciplina porque es algo que debe practicar de continuo, debe ser parte de sí y, como creyente, debe caracterizarse por practicarla. Es espiritual porque no es algo que debe hacer en sus fuerzas ni externamente como se hace el ejercicio físico, sino que debe perseguir este objetivo para robustecer su vida espiritual. Es fundamental porque lo que el ser humano medita define su identidad, su pasión y su meta; no es algo pasajero ni fútil. Por lo tanto, si meditar en la Palabra de Dios debe ser una constante para el creyente, ¡cuánto más debe ser esto una característica de los siervos fieles! Hay cinco razones por las que el siervo fiel debe caracterizarse por ser alguien que medita en la Palabra.

Un siervo fiel medita en la Palabra para obedecer a Dios

> *Este libro de la ley no se apartará de tu boca, sino que meditarás en él día y noche, para que cuides de hacer todo lo que en él está escrito; porque entonces harás prosperar tu camino y tendrás éxito.*
>
> —Jos. 1:8

Josué estaba por ir a la guerra; sin embargo, Dios no le da estrategias militares, sino que lo instruye a que su Palabra no se aparte de él. Josué debe meditar en la Palabra de Dios de día y de noche, no para dormir en paz y tomar buenas decisiones, sino para obedecer su Palabra. Esta no es una meditación mística, como algunas religiones sugieren, sino que implica pensar, enfocarse, incluso recitar la Palabra de Dios.[1] Meditar constantemente en la Palabra de Dios, en el Dios de esa Palabra y sus obras, haría que Josué obedeciera y tuviese éxito a los ojos de Dios, no según los estándares del mundo.

Un siervo fiel debe meditar en la Palabra de Dios siempre. A menudo llenamos nuestra mente de cosas que no edifican y, sobre todo, que no nos ayudan a obedecer a Dios. El siervo

1. David M. Howard Jr., *Joshua, vol. 5, The New American Commentary* [Josué, vol. 5, Nuevo Comentario Americano] (Nashville: Broadman & Holman Publishers, 1998), p. 86.

fiel debe velar por su alma y la de aquellos a quienes enseña y pastorea. No podrá hacer lo segundo con fidelidad si antes no ha tenido cuidado de su propia vida diligentemente. Dios no quiere que dependamos de estrategias humanas ni en nuestras fuerzas, sino de Él y su Palabra. Meditar en su Palabra ayudará a que obedezcamos y seamos siervos fieles.

Un siervo fiel medita en la Palabra para disfrutar de Dios

> *¡Cuán bienaventurado es el hombre que no anda en el consejo de los impíos, ni se detiene en el camino de los pecadores, ni se sienta en la silla de los escarnecedores, sino que en la ley del* SEÑOR *está su deleite, y en su ley medita de día y de noche! Será como árbol firmemente plantado junto a corrientes de agua, que da su fruto a su tiempo, y su hoja no se marchita; en todo lo que hace, prospera.*
>
> — SAL. 1:1-3

El salmista comienza el salterio explicando quién es el hombre bienaventurado, bendito o feliz: el hombre que se deleita en la Palabra de Dios (Sal. 1:2-3). Es interesante que el lenguaje del Salmo 1:2-3 recuerda el mandato a Josué presentado en la sección anterior. Meditar en la ley de Dios, para el salmista, es la clave del éxito. El hombre que haga esto será bienaventurado porque disfruta a Dios y su Palabra, haciendo un claro contraste con el impío que se deleita en hacer el mal.

Un siervo fiel disfruta de Dios por medio de la meditación constante en su Palabra. Meditar en la Palabra es una fuente de gozo constante, ya que permanece para siempre y no es efímera como sí lo son las riquezas: «Me he gozado en el camino de tus testimonios, más que en todas las riquezas» (Sal. 119:14). Meditar en la Palabra de Dios es una fuente de gozo y deleite que guardará nuestra mente pura, renovándola y habilitándonos para no olvidarla. ¿Cómo podrá un siervo fiel motivar, guiar y enseñar al rebaño que Dios le ha encomendado a que amen y disfruten a Dios si él no lo hace primero? El siervo fiel debe deleitarse meditando en la Palabra de Dios día y noche.

Un siervo fiel medita en la Palabra para agradar a Dios

> *Sean gratas las palabras de mi boca y la meditación de mi corazón delante de ti, oh SEÑOR, roca mía y redentor mío.*
>
> — SAL. 19:14

Después de haber reflexionado en los beneficios de la Palabra de Dios, el salmista concluye el Salmo 19 orando que lo que salga de su boca y lo que medite en su corazón sea agradable a Dios (Sal. 19:14). El Salmo da testimonio de cómo la revelación natural y la revelación especial dan gloria a Dios.[2] A la luz de esa verdad, el autor quiere glorificar a Dios, a quien reconoce como su todo.

Un siervo fiel desea glorificar a Dios no solo con sus hechos y palabras, sino también meditando de continuo en su Palabra. Su Palabra santifica, restaura y alumbra. Por eso, el siervo de Dios debe amarla, meditar en ella y depender de ella para agradar y exaltar al Señor. Meditar en su Palabra hará que broten palabras y acciones que glorifiquen también a Dios. Ese fruto de meditar continuamente hará que la congregación sea testigo de lo que implica glorificar a Dios y disfrutarlo por siempre,[3] lo que también los animará a hacerlo por su cuenta.

---

2. Allen P. Ross, *A Commentary on the Psalms 1–89: Commentary*, vol. 1, [Comentario a los Salmos 1–89: Comentario vol. 1], Kregel Exegetical Library (Grand Rapids, MI: Kregel Academic, 2011-2013), p. 485.

3. Westminster Assembly, *The Westminster Confession of Faith: Edinburgh Edition* [La Confesión de Fe de Westminster: Edición de Edimburgo] (Philadelphia: William S. Young, 1851), p. 165.

Un siervo fiel medita en la Palabra para ser sabio

> *¡Cuánto amo Tu ley! Todo el día es ella mi meditación. Tus mandamientos me hacen más sabio que mis enemigos, porque son míos para siempre. Tengo más discernimiento que todos mis maestros, porque Tus testimonios son mi meditación.*
>
> — Sal. 119:97-99

Los Salmos hablan constantemente de la importancia de meditar en la Palabra de Dios. El Salmo 119 dedica 176 versículos a hablar de la Palabra de Dios y su importancia. El salmista expresa tal admiración y amor por la ley de Dios que es sencillamente contagioso (Sal. 119:97). Además, no solo ama la Palabra y medita en ella, sino que como resultado tiene más sabiduría y discernimiento que los que lo rodean (Sal. 119:98-99). No hay orgullo en sus palabras, sino que reconoce que la Palabra de Dios es la fuente verdadera de sabiduría.[4]

El siervo fiel buscará meditar en la Palabra de Dios para alcanzar sabiduría. No solo se deleita en la ley del Señor, sino que busca ser sabio por medio de ella, sabiendo que la sabiduría que la Palabra de Dios da es superior a la sabiduría del mundo. Por eso, un hombre que busca ser fiel a Dios en su vida, servicio y ministerio buscará meditar en la Palabra y ponerla en práctica. Solo podrá ser sabio y, como consecuencia, guiar a otros en sabiduría, si tiene como práctica meditar en la Palabra de Dios y estar dispuesto a obedecerla.

Un siervo fiel medita en la Palabra para fortalecer su fe

> *Cuando en mi lecho me acuerdo de ti, en ti medito durante las vigilias de la noche. Porque tú has sido mi socorro, y a la sombra de tus alas canto gozoso. A ti se aferra mi alma; tu diestra me sostiene.*
>
> — Sal. 63:6-8

---

4. Allen P. Ross, *A Commentary on the Psalms (90–150): Commentary*, vol. 3 [Comentario a los Salmos (90–150): Comentario, vol. 3], Kregel Exegetical Library (Grand Rapids, MI: Kregel Academic, 2016), p. 547.

El ser humano tiende a olvidar fácilmente. A veces, recordamos más fácilmente las cosas negativas que las cosas buenas. Por eso el salmista recuerda a Dios y su obra, aferrándose y sosteniéndose en lo que sabe que es verdad (Sal. 63:6-8). Esta meditación, esta reflexión profunda, fortalece su fe y evita que sucumba en el momento de la prueba. La base de la meditación es su obra en el pasado (Sal. 77:12; 143:5), algo que encontramos claramente en su Palabra, y es por medio de ella que encuentra esperanza y ayuda en medio de la prueba.[5]

El siervo fiel debe meditar en la Palabra de Dios para fortalecer su fe. Esto servirá de defensa ante las pruebas y aflicciones, ayudándole a recordar la fidelidad de Dios. En lugar de desanimarse y quejarse, él podrá adorar a Dios, confiando en su voluntad y guiando a los que le rodean a hacer lo mismo. Meditar constantemente en la obra de Dios, sus atributos y su verdad como Él lo ha afirmado en su Palabra, hará que el hombre de Dios confíe y sea fortalecido.[6]

Algunas religiones enseñan que meditar es sinónimo de vaciar la mente; sin embargo, la Biblia nos enseña a meditar «llenando nuestra mente con Dios y verdad»[7] (Fil. 4:8). El siervo fiel debe saturar su mente de la Palabra de Dios. Las implicaciones de hacerlo o no son cruciales. No solo su vida espiritual está en juego, sino también la de aquellos a quienes dirige o pastorea. Por eso Pablo mandó a Timoteo a meditar en lo que había escrito (1 Ti. 4:15).[8]

---

5. Allen P. Ross, *A Commentary on the Psalms 1–89: Commentary*, vol. 2, [Comentario a los Salmos 1–89: Comentario, vol. 2], Kregel Exegetical Library (Grand Rapids, MI: Kregel Academic, 2011-2013), pp. 636-637.

6. LeBron Matthews, «Meditation», ed. Chad Brand et al., *Holman Illustrated Bible Dictionary* [Diccionario Bíblico Ilustrado Holman] (Nashville, TN: Holman Bible Publishers, 2003), pp. 1096-1097.

7. Donald S. Whitney, *Spiritual Disciplines for the Christian Life* [Disciplinas espirituales para la vida cristiana] (Colorado Springs, CO: NavPress, 1997), p. 47.

8. LeBron Matthews, «Meditation», ed. Chad Brand et al., *Holman Illustrated Bible Dictionary* [Diccionario Bíblico Ilustrado Holman] (Nashville, TN: Holman Bible Publishers, 2003), pp. 1096-1097.

Meditar en Dios y su obra como lo ha revelado en su Palabra es crucial para todo hijo de Dios. Esta disciplina espiritual hará que nuestra mente sea renovada constantemente para poder obedecer, disfrutar, agradar a Dios, tener sabiduría y fortalecer nuestra fe. Haciendo esto daremos gloria a Dios en nuestras vidas y ministerios. Que a través de una meditación profunda en la Palabra de Dios seamos transformados cada día más a su imagen, buscando llevar a la práctica lo que meditamos (Fil. 4:9), ya que es a través de la meditación que podemos llevar a la práctica la verdad de la Palabra: «El corazón se enciende con la meditación y la fría verdad se derrite para empujarnos a una acción apasionada».[9]

PREGUNTAS PARA REFLEXIONAR EN GRUPO

- ¿Cómo pueden animarse los miembros de una iglesia a leer toda la Biblia en un año?

- ¿De qué manera el conocimiento de las Escrituras ayudó a Jesús a combatir la tentación?

- ¿Qué decisiones tomarás a partir de este momento para mejorar tu meditación en la Palabra de Dios?

9. Donald S. Whitney, *Spiritual Disciplines for the Christian Life* [Disciplinas espirituales para la vida cristiana] (Colorado Springs, CO: NavPress, 1997), p. 59.

7

Un siervo fiel ora intensamente

DAVID GONZÁLEZ

La razón por la que muchos fracasan en la batalla es porque esperan hasta el momento de entrar en ella. La razón del éxito de otros se debe a que habían logrado la victoria sobre sus rodillas, mucho antes de producirse la batalla. R. A. Torrey

La oración es una de las mayores luchas de todo siervo de Dios. Podemos pasar horas discipulando a otra persona, u organizando actividades eclesiales, o estudiando para el sermón dominical; pero nos cuesta orar. Nos deleitamos predicando durante una hora; pero nos agotamos orando quince minutos. Como dice John Piper: «Tanto nuestra carne como nuestra cultura se oponen a dedicar una hora de rodillas al lado de un escritorio lleno de papeles».[1] Es indudable nuestra debilidad con la oración. Las actividades de la iglesia, la visitación, el discipulado, los estudios bíblicos, la predicación del domingo, nos ocupan de tal modo semana tras semana que fácilmente tendemos a abandonar nuestra vida de oración. Los apóstoles se dieron cuenta de este peligro y decidieron delegar ciertas tareas a otros hombres fieles con el propósito de persistir en

1. John Piper, *Hermanos, no somos profesionales* (Barcelona: Editorial Clie, 2010), p. 71.

la oración. Y dijeron: «nosotros nos entregaremos a la oración y al ministerio de la palabra» (Hch. 6:4). Los doce tomaron la decisión de perseverar y mantenerse dedicados a la oración, aun cuando las demandas de la incipiente iglesia en Jerusalén eran grandes. Esto es lo que habían aprendido de Jesús. No importa cuáles sean las demandas del ministerio, necesitamos orar intensamente porque, como dijo Charles Spurgeon: «La negligencia en la oración es la langosta que devora nuestra vida espiritual».[2]

El mandato

El apóstol Pablo escribe a la iglesia en Tesalónica exhortándoles a orar incansablemente. Esta era una iglesia en crecimiento y firme en el Señor, pero aun así el apóstol reconoce su necesidad de orar constantemente, y les manda orar «sin cesar» (1 Ts. 5:17). Se trata de un verbo imperativo, un mandato. No es una opción para elegir. Es un mandamiento de Dios para ser obedecido y que, además, debe caracterizar nuestra vida por completo. ¿Estás obedeciendo? La falta de oración no es menos pecaminosa que cualquier otro pecado. ¿Puedes afirmar que tu vida se caracteriza por la oración? Aquí es donde todo siervo de Dios reconoce su necesidad de dedicar más tiempo para orar.

Por otro lado, el adverbio «sin cesar» es enfático en el texto e indica que la oración debe ser constante, perseverante y sin desmayar. Esto no significa que debamos orar cada instante y segundo de nuestro día, sino que debemos conocer la absoluta necesidad que tenemos de orar incansable e intensamente. Por eso, cuando Pablo escribe a la iglesia en Roma describe la conducta de los cristianos como «dedicados a la oración» (Ro. 12:12). No se refiere al creyente como aquel que ora sino como aquel que está dedicado y comprometido con la oración. Un siervo fiel se caracteriza por un estilo de vida de oración constante.

---

2. Charles H. Spurgeon, «*Carried by Four, Sermon 981*», The Complete Works of C. H. Spurgeon, Volume 17: Sermons 968 to 1027 [«Trasladado por cuatro, Sermón 981», Obras Completas de C. H. Spurgeon, volumen 17] (Delaware: Delmarva Publications, 2013).

La necesidad

El apóstol también exhorta a los colosenses diciendo: «Perseveren en la oración, velando en ella con acción de gracias» (Col. 4:2). Pablo emplea ambos verbos (perseverar y velar) para describir la actitud incesante que debemos tener en la oración, estando alerta y siempre preparados. Velar en oración es lo mismo que Jesús pidió a sus discípulos en Getsemaní cuando les dijo: «... velen junto a mí» (Mt. 26:38). Jesús se apartó un poco adelante para orar y esperó que también sus discípulos permaneciesen en oración con Él. Sin embargo, aunque Jesús les dio ejemplo de cómo debían velar en oración, ellos no pudieron soportar el sueño. De modo que Jesús dijo a Pedro: «¿Conque no pudieron velar una hora junto a Mí? Velen y oren para que no entren en tentación; el espíritu está dispuesto, pero la carne es débil» (Mt. 26:40-41). Los discípulos evidenciaron que, aunque el espíritu está dispuesto, la carne es débil y por eso necesitamos velar y perseverar incansablemente en la oración.

La ilustración más vívida sobre la necesidad de orar intensamente fue pronunciada por el mismo Señor Jesús al narrar la parábola de la viuda y el juez injusto. Jesús contó esa historia a sus discípulos precisamente «...para enseñarles que ellos debían orar en todo tiempo, y no desfallecer» (Lc. 18:1). Es interesante observar en ese pasaje cómo Jesús relaciona la oración con la persistencia, y exhorta a sus discípulos para que no desmayen y oren incansablemente. Es evidente que, más que ningún otro hombre, el siervo fiel debe persistir en la oración y no desfallecer, debe continuar orando y velar sin desmayar. Orar sin cesar es sin duda alguna la tarea más necesitada de todo ministro de Dios.

El puritano inglés del siglo XVIII, Matthew Henry, entendió bien la importancia de la oración incesante en la vida del creyente y escribió en su diario: «La oración es lo que ciñe toda la armadura cristiana».[3] Basándose en Efesios 6:18, Henry describió

---

3. Citado en Joel R. Beeke, y Brian G. Najapfour, *Taking Hold of God* [Aferrándose a Dios] (Grand Rapids: Reformation Heritage Books, 2011), p. 143.

la oración como la disciplina espiritual que une todas las partes de la armadura de Dios, el medio que sujeta cada una de sus piezas. De esta manera, ya que dicha armadura debe ser usada permanentemente, entonces también la oración debe ser constante y continua en la vida del hijo de Dios, «...orando en todo tiempo con toda oración y súplica en el Espíritu, y velando en ello con toda perseverancia y súplica por todos los santos» (Ef. 6:18, RVR-60). Este versículo enfatiza una vez más la necesidad de orar permanentemente y perseverar en alerta y oración. Puedes estar armado con cada una de las partes de la armadura, pero sin oración te faltará la fortaleza para mover semejante armazón. La oración intensa es vital. La lucha es difícil, las insidias del diablo son abundantes, y solo fortalecidos en el Señor y en el poder de su fuerza podremos resistir en el día malo (Ef.6:10-13).

La dependencia

Una de las mayores bendiciones que Dios me ha dado ha sido la amistad del pastor Henry Tolopilo. En una ocasión lo invité a casa a almorzar para disfrutar un tiempo de comunión. Como es buen amante de libros, le enseñé mi oficina y escritorio donde estudio la Biblia y me preparo para mis sermones dominicales. Lo que para mí siempre había sido un excelente lugar para estudiar, Henry lo definió como un hermoso lugar para orar. Yo nunca lo había visto de esa manera, pero sus palabras me ayudaron a darme cuenta de la precariedad de mi vida de oración y la necesidad que tenía de orar intensamente en el ministerio. Spurgeon decía que «los hombres mejores y más santos han hecho siempre de la oración la parte más importante de su preparación para el púlpito».[4] Mi ministerio necesitaba mucha más oración. ¿Cómo definirías tu vida de oración? ¿Hay algo que debas confesar a Dios y reconsiderar en tu vida ministerial?

La oración incesante es una marca ineludible de todo siervo de Dios. No es posible servir fielmente al Señor si nuestra vida

---

4. Charles H. Spurgeon, *Discursos a mis estudiantes* (El Paso: Editorial Mundo Hispano, 2017), p. 73.

no está inmersa en oración. ¡Qué atrevimiento y desfachatez sería predicar un mensaje sin hablar con su Autor o cuidar un rebaño sin consultar a su Pastor! Así sucede en el ministerio si descuidamos el mandato de orar sin cesar. Pecamos de orgullo y autosuficiencia cuando no oramos constantemente. Sin embargo, la vida de oración incesante demuestra absoluta dependencia en Dios. El siervo fiel ora intensamente cuando depende de Dios. El Siervo por excelencia fue el ejemplo perfecto de dependencia en Dios. Nuestro Señor Jesucristo siempre buscaba tiempo para apartarse de las multitudes y poder orar a su Padre en intimidad. Jesús oraba en todo momento: de mañana, durante el día o durante la noche. En su humanidad era consciente de la necesidad de orar sin desmayar. Si Él lo necesitaba, ¡cuánto más lo necesitamos nosotros! ¿Estás cargado de preocupaciones? Échalas sobre el Señor. ¿Eres tentado? Resiste sometiéndote a Dios. ¿Estás sufriendo persecución? Espera en Dios. ¿Estás dudando? Confía en el Señor. Ora intensamente.

El siervo fiel obedece el mandato de Dios para orar sin cesar, reconoce su absoluta necesidad de orar incansablemente, y muestra su dependencia de Dios orando intensamente. Como dijo John Bunyan: «Puedes hacer más que orar después de que hayas orado, pero no puedes hacer más que orar hasta que no hayas orado».[5] Si quieres ser fiel al Señor dedica tu vida a la oración incesante, velando en ella con insistencia.

5. Citado en I. D. E. Thomas, comp., *The Golden Treasury of Puritan Quotations* [El tesoro dorado de citas de los Puritanos] (Chicago: Moody Press, 1975), p. 210.

PREGUNTAS PARA REFLEXIONAR EN GRUPO

- ¿Por qué crees que es tan difícil orar de manera consistente?

- ¿Qué puedes aprender del ejemplo de Jesús en cuanto a su vida de oración?

- ¿Cómo podrías incrementar tus tiempos de oración durante todo tu día?

8

Un siervo fiel enfrenta el sufrimiento bíblicamente

DANIEL CORRAL

Las aflicciones no pueden santificarnos, a menos que Cristo las use como su mazo y su cincel. **Charles Spurgeon**

Según un estudio de Lifeway Research[1], de 734 pastores que dejaron el ministerio, el 44 % fue por causa del sufrimiento. El sufrimiento se tradujo en conflicto y desgaste. Ser pastor implica sufrir. Pero un siervo fiel debe enfrentar el sufrimiento bíblicamente. El sufrimiento tiene muchas caras, como la enfermedad, las pruebas de todo tipo, las dificultades propias de la vida, personales, familiares e incluso ajenas. ¿Cómo enfrenta bíblicamente el siervo fiel el sufrimiento?

Hay ejemplos de siervos que sufren en la Biblia. Job sufrió sin causa. Moisés sufrió en su vida, tanto en su niñez, como en su tiempo en el desierto y aún más liderando a un pueblo rebelde hasta la tierra prometida. Pablo también sufrió, incluso físicamente. Solo hay que recordar 2 Corintios 11:23 y ss., aunque esta

---

1. https://lifewayresearch.com/2016/01/12/former-pastors-report-lack-of-support-led-to-abandoning-pastorate/, consultado el 23 enero de 2020.

carta fue escrita a mitad de su ministerio.[2] Jesús mismo sufrió (He. 12:2) y recordó a sus seguidores que sufrirían (Jn. 16:33). El sufrimiento es innato a todos los hombres, pero en especial, a los hijos de Dios que sufren por el nombre de Cristo. Pero este sufrimiento no lo debes afrontar a ciegas, hay una manera bíblica de enfrentarlo. Asaf es un ejemplo en su vida y de cómo el siervo fiel sufre bíblicamente. El Salmo 83, que está en el libro Tercero de los Salmos, es el legado de Asaf donde explica que el sufrimiento bíblico tiene el objetivo de dar gloria a Dios y que los hombres lo reconozcan a Él como Salvador.

Identifica el sufrimiento (vv. 1-8)

«Salmo de Asaf. Cántico» es toda la información del salmo, pero es suficiente para destacar que es más que poesía. Se trata de un salmo con una enseñanza que debes adquirir. De ahí que Asaf lo escriba como lamento, porque es una llamada a Dios para que actúe y salve. El v. 1 puede parecer que Dios es indiferente al dolor de su pueblo (Sal 83:1). Pero, muy al contrario, es una evidencia de la confianza de Asaf en Dios. El problema es de tal magnitud, que desde el v. 2 hasta el v. 8 Asaf lo detalla. Se trata de una conspiración doble. Por un lado, la primera conspiración (vv. 2-4), Israel está amenazado por una serie de enemigos que odian a Dios (v. 2) («te aborrecen»), son hostiles y engreídos (v. 3). Además «hacen planes, conspiran» desde la arrogancia (v. 4), buscando borrar el nombre de Israel, es decir, no solo derrotarlo, sino acabar con su memoria. Y derrotar a una nación equivalía a derrotar a su Dios, porque eso no es solo el destino de Israel que está en juego, sino el propio nombre de Dios. Lo mismo sucede

2. 2 Corintios 11:23 y ss. es un buen texto que recopila parte de su sufrimiento, pero es importante notar que, cuando Pablo escribe este capítulo, todavía está a la mitad de su ministerio. De hecho, resalta el constatar cómo el apóstol que más invirtió en discipular y ser un mentor de ancianos, terminó sus días solo antes de ser ejecutado en Roma (2 Ti. 4:9-13).

contigo. Si el sufrimiento acaba contigo, en cierto modo, Dios sufre la ignominia de tu derrota.

La segunda conspiración aparece marcada por un segundo «porque» (vv. 5-8). Es una conspiración firme contra Dios: literalmente, han «cortado un pacto». Los vv. 6-8 describen esta «coalición representativa», que nunca ocurrió en la realidad, por dos motivos. El primero es que no hay registro histórico de esta alianza. Y, en segundo lugar, porque estos enemigos abarcan un período de tiempo extenso. Pero Asaf los menciona porque comparten un ansia por exterminar a Israel. En el v. 6 Asaf comienza a nombrar a estos enemigos. Es curioso que solo los nombra, sin aportar detalles. Esta ausencia de información implica que los receptores del salmo conocían a estos enemigos suficientemente como para recordar la historia, simplemente nombrándolos.

El primer enemigo es Edom. Se trata de los hijos de Esaú, el hermano de Jacob. Con Jacob continuó la línea de la redención; sin embargo, Esaú fue rechazado. Así que, desde el tiempo de los patriarcas, los edomitas se convirtieron en enemigos acérrimos de Israel. El segundo enemigo nombrado por Asaf son los ismaelitas, es decir, los hijos de Ismael (Gn. 16, 25). Ismael fue el fruto de los esfuerzos humanos de Abraham y Sara, por medio de Agar, de «acelerar» la promesa de Dios. Pero Dios continuó la promesa, demostrando su poder, por medio del hijo natural de Abraham y Sara: Isaac.[3] Y todavía en esta época aparece Moab, que es un hijo de Lot, por medio del incesto (Gn. 19) con su hija mayor. La desobediencia de Lot y sus hijas termina creando dos pueblos que fueron enemigos declarados de Dios. Agar es el siguiente enemigo que se nombra. Aparece en 1 Crónicas 5:10 porque lucharon contra la tribu de Rubén. La lista de enemigos continúa en el v. 7, donde se menciona a Gebal, una zona al sur del Mar Muerto. Y si en el v. 6 se mencionaba a los moabitas, ahora Asaf trae a sus primos carnales, los amonitas, que son fruto del incesto

3. Es curioso, pero se cumple Mateo 12:30: «El que no está a favor Mío, está contra Mí; y el que no recoge a Mi lado, desparrama».

de Lot con su hija menor, Ben-ammi. Amalec, el siguiente en la lista, es el hijo de Elifaz, nieto de Esaú, y es otro de los enemigos de Israel. Filistea aportó a los filisteos a esta lista de enemigos, porque fue una tribu que supuso un dolor de cabeza constante para Israel, como sucedió en tiempos de Sansón, por ejemplo. Y termina el v. 7 con una mención a Tiro, que es el país al Norte de Israel donde nació la reina Jezabel,[4] de infausto recuerdo. El v. 8 presenta al último enemigo, Asiria, que arrasó al Reino del Norte (las 10 tribus de Israel, salvo Judá y Benjamín) y que fue una amenaza constante para el Reino del Sur (Judá y Benjamín).

El sufrimiento en tu vida, o en la vida del pastor, es un peligro constante. Ha existido en el pasado y existe en el presente. ¿Eres consciente de este sufrimiento? ¿Podrías identificarlo como hace Asaf por nombre? ¿A quién acudes en medio del sufrimiento? ¿Cómo lo afrontas? ¿Acudes a Dios buscando la solución inmediata para tu sufrimiento o buscas que su nombre sea glorificado? Asaf es un buen ejemplo, porque una vez que ha identificado el problema lo soluciona. ¿Cómo?

La solución viene del pasado (vv. 9-12)

Asaf se vuelve a Dios y recuerda el pasado. ¿Por qué? ¿Es acaso Asaf un romántico? No, al contrario. Dios ya ha lidiado con el sufrimiento en el pasado y siempre con éxito. Por eso Asaf afirma que puedes afrontar bíblicamente el sufrimiento confiando en Dios, mirando al pasado. Asaf te enseña a mirar al pasado, a mirar cómo Dios ha obrado en el pasado, de manera que la historia de Dios, su obra, tanto en tu vida como en la historia que se encuentra en la Biblia, es la fortaleza que necesitas para afrontar el sufrimiento presente de una manera bíblica que honre a Dios, que le dé gloria y que haga que los hombres se acerquen arrepentidos a Dios.

Asaf, en los vv. 9-12, echa su vista al tiempo de los Jueces,

---

4. Jezabel hizo matar a todos los profetas de Dios que apresó (1 R. 18:4-13), y quiso hacer lo mismo a Elías (1 R. 19:1-2). Urdió el asesinato de Nabot para hacerse de su parcela (21:16-22) y además introdujo el culto a Baal en Israel.

donde la desobediencia de Israel los llevó a uno de los períodos más tenebrosos de la historia de Israel, pero donde Dios actuó de maneras sobrenaturales para cuidar de su pueblo y recibir la gloria. Fue un tiempo donde el resto de la tierra tuvo que admitir que hay un solo Dios en el cielo. Asaf recuerda la derrota de Madián. Por Jueces 6–8 sabemos que Dios utilizó a Gedeón como su instrumento para derrotarlos, además de una manera que trajo gloria a Dios, porque la situación de Israel, su sufrimiento, era insoportable. Y para que los receptores recordasen la magnitud de la derrota de los madianitas, Asaf nombra a Oreb y Zeeb, que son los príncipes madianitas (v. 11a), junto con Zeba y Zalmua, que son los reyes madianitas (v. 11b). La derrota que Dios infringió fue tan grande que no solo cayeron los madianitas, sino sus príncipes y sus reyes. Los madianitas quisieron (v. 12) atacar Israel, pero Dios utilizó a Gedeón para derrotarlos completamente.

En los vv. 9b-10, Asaf recuerda otro incidente similar, también recogido en el libro de los Jueces. Ahora el pueblo que se enfrenta a Israel son los cananeos, encabezados por Sísara y Jabín, que eran su reina y su rey. Los cananeos y sus reyes fueron derrotados por Barac y Débora (Jue. 4-5). Y su derrota sucedió cerca de Endor. La derrota y la ignominia de los cananeos fue de tal grado, que sus cuerpos permanecieron sin recibir sepultura, sirviendo de abono al campo.

Asaf mira al pasado para recordar que Dios ya ha lidiado con el sufrimiento y lo ha hecho con éxito. Dios es confiable, así que puedes imitar a Asaf y recordar tu pasado, contemplando las batallas que Dios ha ganado a tu favor, cuando no había salida posible, cuando la enfermedad era complicada, cuando el accidente fue monstruoso, cuando estabas sin trabajo, cuando humanamente no había salida, cuando tu enemigo parecía invencible. Sin embargo, puedes confiar en Dios, porque es poderoso. Y es poderoso incluso para salvarte de tus pecados y darte vida eterna en Cristo, por su gracia (Ef. 2:8). ¿Acudes a Dios buscando la solución inmediata para tu sufrimiento, o buscas que su nombre sea glorificado?

Ahora sí: enfrenta bíblicamente el sufrimiento (vv. 13-18)

Asaf ha identificado el sufrimiento, ha recordado que la solución viene del pasado y ahora enfrenta bíblicamente el sufrimiento (vv. 13-18). La confianza en Dios en medio del sufrimiento ha experimentado un salto cualitativo en Asaf, de manera que ahora se refiere a Dios como «mío» (v. 13). En el v.1 solo se refiere a Dios de manera impersonal («oh Dios»). Pero al identificar el sufrimiento y recordar el éxito constante de Dios en el pasado, ahora no solo es el Dios de Israel (de la historia) sino que también es un Dios personal, es *mi Dios*. Y para demostrar esta confianza en Dios, en medio del sufrimiento, Asaf utiliza dos imágenes que ilustran cómo Dios actúa poderosamente a su favor. La primera viene de la agricultura. Asaf pide que Dios «sople» sobre sus enemigos, como el molinero sopla sobre el polvo de molino y sobre la paja para que desaparezcan. Es tal la confianza en la fortaleza de Dios, que un simple «soplido» es suficiente. Y la segunda imagen es la de una tormenta. Se trata de una imagen similar al fuego, porque Dios, en el pasado, ha utilizado tormentas para derrotar o afligir a los enemigos de Israel (Jue. 4-5, Jos. 10:10-11, Is. 28). Es una demostración doble del poder de Dios, que «sopla» y que domina la naturaleza. Este es el Dios de Asaf. ¿Es Él también tu Dios?

Ahora en los vv. 14 y 15 se cruzan las figuras (fuego, llama) con peticiones (persíguelos, aterrorízalos). Y en los vv. 16-18 Asaf pide que Dios actúe y frustre sus planes, es decir, que no tengan éxito. ¿Por qué? ¿Qué motiva a Asaf a efectuar esta petición? ¿Por qué acude Asaf a Dios en medio del sufrimiento? ¿Acaso busca venganza personal? ¿Busca acabar con sus problemas y vivir más tranquilo? No. Asaf pide que Dios actúe contra sus enemigos para que el nombre de Dios reciba la gloria. Y tú, debes sufrir bíblicamente para que el nombre de Dios reciba gloria. Asaf lo expresa así: «Para que busquen Tu nombre, oh SEÑOR» (v. 16b). Y esta búsqueda implica que se arrepientan y sean salvados. Y, en segundo lugar, para que el mundo sepa que «Eres el Altísimo sobre toda la tierra» (v. 18).

Identifica el sufrimiento, recuerda que la solución viene del pasado y enfrenta bíblicamente el sufrimiento, para que Dios reciba la gloria y el hombre se arrepienta y Dios haga una obra de salvación.

¿Cómo afrontó Jesús sus problemas, pruebas y su muerte en la cruz? De acuerdo con sus propias palabras: «...pero no se haga Mi voluntad, sino la Tuya» (Lc. 22:42), es decir, buscó dar gloria a Dios y dar a conocer su nombre sobre toda la tierra. Pablo lo comprendió perfectamente (Ro. 5:6). Por eso, no tardes en venir a Cristo y ponerte a bien con Dios. No hay otra manera de afrontar el sufrimiento más importante que produce el pecado en tu vida que venir a Cristo. Es solo por medio de Cristo, por gracia, por medio de la fe. No hay otro camino, no hay otro intercesor. Ven a Cristo.

Y, si eres su hijo, Asaf escribe este Salmo 83 como una guía para que sepas cómo afrontar bíblicamente el sufrimiento: deja que Dios actúe para que su nombre sea glorificado y que haga una obra de salvación en el hombre. «Para que sepan que solo Tú, que te llamas el Señor, Eres el Altísimo sobre toda la tierra» (Sal. 83:18).

PREGUNTAS PARA REFLEXIONAR EN GRUPO

- ¿Por qué crees que un pastor debe enfrentar las pruebas de una manera ejemplar?

- Siguiendo el ejemplo de Jesús, ¿cómo podrías enfrentar las dificultades que tienes hoy?

- ¿Consideras que el sufrimiento siempre lleva a los cristianos a mayor santificación?

9

Un siervo fiel vive una vida ejemplar

HEBER TORRES

Nadie se aventuraría a emprender la edificación de una casa si no fuera arquitecto, y nadie que no fuera un médico especializado intentaría curar cuerpos enfermos. Aunque muchos le insistan, él se excusará y no se avergonzará de reconocer su ignorancia. Y el que va a tener a su cuidado tantas almas que han de serle confiadas, ¿no habrá de examinarse a sí mismo con antelación? **Juan Crisóstomo**

Hace algún tiempo se llevó a cabo un estudio en los Estados Unidos con el fin de establecer qué características resultaban esenciales a la hora de escoger un pastor. Centenares de creyentes participaron en esta encuesta representando a unas sesenta iglesias distintas. Los resultados no pudieron ser más reveladores. Entre las cualidades más demandadas destacaron las siguientes: amar a la congregación, no ser perezoso, tener una visión para la comunidad, liderar equilibradamente o no dejarse influir por las minorías. ¡Qué distinta resulta esta lista de la que encontramos en el Nuevo Testamento! (1 Ti. 3:1-7; Tit. 1:5-9).

La Biblia nos enseña que el pastor es, ante todo, un hombre de Dios. Y eso, ineludiblemente, condiciona su manera de vivir. Dios te ha llamado a ser un ejemplo viviente para cualquiera que te observe (He. 13:7). Este cometido trasciende a una mera descripción profesional y se extiende a cada faceta de tu vida. Richard Baxter lo enunció con agudeza: «Si piensas que tu ministerio acaba en el púlpito, pareces considerarte pastor solamente mientras estás allí. Si es así, creo que no eres digno de llamarte tal cosa».[1] El pastor no es un deportista cualquiera al que se le disculpa todo si juega bien el domingo. Sus responsabilidades no se limitan a un momento particular de la semana. Y aunque el ministerio público encuentra en el púlpito su punto álgido, ese solo es el principio. Sin descuidar los compromisos adquiridos, el pastor ha sido comisionado a vivir una vida ejemplar. Así certifica, cuida y consagra su ministerio.

Al vivir una vida ejemplar, el pastor certifica su ministerio

La gracia de Dios se revela con todo su esplendor en el evangelio. Y se exhibe con extraordinaria belleza a través de vidas transformadas, incluidas la de aquellos hombres apartados para la obra del ministerio. Las Escrituras enseñan que un conocimiento de la verdad se materializa siempre en una vida piadosa (Tit. 1:1). Y el pastor, como embajador del Señor, acredita con su propio testimonio que el sacrificio de Cristo es eficaz y poderoso, suficiente para hacer de un rebelde pecador un instrumento útil, irreprensible y digno de ser imitado por otros (Fil. 3:17).

Esto no responde a un acto orgulloso ni pretencioso. En 1 Timoteo 4:12 Pablo insta a Timoteo a modelar con su propia vida lo que ya forma parte de su instrucción, porque ambas resultan inseparables. El pastor no lleva a cabo su ministerio apelando a estrategias humanas. Su legitimidad no procede necesariamente de una dilatada trayectoria. Tampoco es resultado del carisma, la fuerza o los recursos materiales con los que pueda contar. El pastor dirige al rebaño por medio de su ejemplo (1 P. 5:3). Por tanto, aquel que ha visto la benignidad del Señor no se enreda en las

---

1. Richard Baxter, *El Pastor Renovado* (Carlisle, PA: Estandarte de la Verdad, 2009), p. 52.

obras de las tinieblas ni se escuda en la ambigüedad de la época. Al contrario, impulsado por un temor reverente, se conduce con integridad con el fin de reflejar a Cristo en todo lo que emprende. De manera que, sus palabras, su conducta, su amor, su fe y su pureza han de servir como muestra tangible de lo que Dios está haciendo en cada uno de sus hijos. Comenzando por él mismo.

Ningún pastor es perfecto. Ni siquiera tú. Como un creyente más te encuentras inmerso en un proceso de santificación que ocupará toda tu vida. Pero si el Señor te ha llamado al ministerio, debes vivir una vida ejemplar. «Dichoso aquel siervo a quien, cuando su señor venga, lo encuentre haciendo así» (Mt. 24:46).

Al vivir una vida ejemplar, el pastor cuida de su ministerio

La célebre frase «corrompe al capitán y sus tropas le acompañarán» encuentra su análogo en la Escritura. Los líderes religiosos ejercen una influencia singular en medio del pueblo (Is. 24:2; Os. 4:9). Y la Iglesia de Cristo con sus pastores tampoco es inmune a esta influencia, en ocasiones negativa (1 Ti. 4:1-2). Se necesita toda una vida para ganarse el respeto de los demás. Pero no hace falta mucho para destruir la reputación que tanto costó edificar. De la misma forma que una sola mosca muerta estropea el ungüento del perfumista (Ec. 10:1), el mal testimonio en un aspecto concreto puede llegar a ensombrecer la labor de toda una vida entregada al ministerio.

Se trata de un asunto importante. Si quieres ser un ejemplo para otros, debes empezar por vigilar tu propia alma. Cuando el pastor no vive de forma ejemplar se convierte en una mala referencia para aquellos que le rodean, y en una tacha para el evangelio. Y entonces, su condición no difiere mucho de la de aquellos fariseos a los que Cristo mismo confrontó. Que exista una contradicción entre lo que se enseña y lo que se vive deshonra a Dios y desmiente su Palabra (Ro. 2:21-24). No es simplemente tu prestigio lo que está en juego. El diablo obtiene una gran victoria cada vez que un pastor queda descalificado, pues se ve empañada la honra y el buen nombre de aquel a quién dice representar.

El mismísimo apóstol Pablo tomó muy en serio este encargo: «...no sea que habiendo predicado a otros, yo mismo sea descalificado» (1 Co. 9:27). Es cuestión de tiempo, tarde o temprano, los falsos maestros serán desenmascarados por su falta de coherencia (Tit. 1:16). Por tanto, desconfía de tu propio corazón, examínate constantemente y no bajes la guardia ni aun en lo privado de tu ser. No sea que vengas a ser uno de tantos pastores que predican mucho pero que practican poco. Pocas cosas serán más valiosas para tu alma y beneficiosas para la iglesia que procurar tu propia integridad. Tu ministerio depende de ello.

Al vivir una vida ejemplar, el pastor consagra su ministerio

No se trata de cumplimentar una serie de tareas o de obtener un logro particular en el trabajo. Tu sujeción a la Palabra de Dios confirma tu condición espiritual y, al mismo tiempo, revela tu devoción espiritual. El pastor vive una vida ejemplar no solo porque tiene que hacerlo, sino porque desea hacerlo. El hombre de Dios anhela agradar a Dios y se somete gozoso al señorío de Cristo. Esa es su meta. Esa es su ambición santa. Aun en medio de la lucha y la tentación, no percibe la obediencia como una restricción en su autonomía. Seguir las pisadas de Cristo constituye un honor inmerecido. Y el apuntar a otros la senda marcada por el Salvador le coloca en una posición privilegiada.

En lugar de quejarte o lamentarte por lo difícil que resulta atender todas tus ocupaciones, piensa cómo puedes modelar un carácter que honre a Dios y resulte provechoso para que otros lo imiten. Charles Spurgeon llegó a decir: «Nuestras vidas deben ser tales que los hombres puedan copiarlas sin peligro».[2] Cada circunstancia nos confiere la oportunidad de responder de una manera ejemplar, sin importar el área de la que estemos hablando. Pero no te contentes con esperar pasivamente. Revisa tu agenda. Una vez que has planeado tus próximos compromisos y separado

---

2. Charles Spurgeon, *Un ministerio ideal: El pastor, su persona y mensaje* (Carlisle, PA: Estandarte de la Verdad, 2012), p. 171.

tiempo para estudio, visitas, vacaciones o cualquier otra actividad, ¿hay lugar para cultivar tu vida espiritual en alguna área específica? ¿O es que esperas ver el fruto sin haber trabajado el terreno? Escudriña tu corazón con detenimiento y localiza aquellas áreas de tu carácter en las que queda trabajo por hacer. Si eres sincero contigo mismo, no tardarás en encontrarlas. Una vez detectadas, dedícate a ellas y no te detengas hasta llegar a ser un modelo digno de ser imitado (Tit. 2:7-8).

Muchos cristianos hoy día rinden culto a celebridades de las que apenas se sabe nada en cuanto a su vida privada. Al comparar tus capacidades y los medios de los que dispones con estas figuras mediáticas puedes sentirte desanimado. Sin embargo, recuerda que el éxito en tu ministerio no depende de cuántas descargas reciben tus sermones o de un número determinado de seguidores en las redes sociales. Nunca menosprecies el valor de una vida íntegra, pues con base en esto un día serás juzgado por Cristo mismo. Pocas cosas tendrán un mayor impacto en tu congregación que tu propia santidad. Olvídate de lo que hacen otros y concéntrate en lo que te ha sido encomendado. Tú has sido llamado a vivir de manera ejemplar. De esta forma, «asegurarás la salvación tanto para ti mismo como para los que te escuchan» (1 Ti. 4:16).

PREGUNTAS PARA REFLEXIONAR EN GRUPO

- ¿Cuáles son los requisitos para un pastor, según 1 Timoteo 3:1-7?

- ¿Por qué crees que Dios toma muy en serio el testimonio de vida que tiene un pastor?

- ¿Por qué Jesús habrá confrontado con tanta seriedad a los fariseos?

10

Un siervo fiel teme a Dios

SANTIAGO ARMEL

Tememos tanto a la gente porque tememos muy poco a Dios. Un temor sana al otro. Cuando el terror provocado por otros seres humanos te atemorice, dirige tus pensamientos hacia la ira de Dios. **William Gurnall**

«Teman al Señor, ustedes Sus santos, pues nada les falta a aquellos que le temen» (Sal. 34.9). Un hombre que ha recibido por gracia el llamamiento divino a ser un heraldo de Dios debe caminar con un entendimiento solemne de este principio revelado en las Escrituras. El temor a Dios es el distintivo principal de un ministro que desee ser llamado *fiel* el día que se presente ante el príncipe de los pastores (1 P. 5.4).

La piedad de una congregación no superará la piedad de sus pastores, por ende, la vida de un siervo fiel debe estar enmarcada por el temor a Dios. Muchas congregaciones ubican en sus púlpitos a individuos que carecen de reverencia ante el Dios Santo de las Escrituras. Como es de esperarse ante tal panorama, cada día es más común ver a hombrecillos frívolos en el ministerio que abundan en conversaciones triviales que no edifican a nadie. Es lamentable ver el estado espiritual de muchos cristianos y esto se debe en gran medida a una carencia de pastores que tiemblen ante Dios y su Palabra (Is. 66:2). A continuación algunas reflexiones acerca de lo que es el temor a Dios y cómo debe manifestarse en la vida de un pastor.

¿Qué significa temer a Dios?

Temer significa ser movido en las afecciones por causa de algo o alguien que se considera podría llegar a causar algún perjuicio o daño. El temor fue dado por Dios como una bendición, pues este funciona como un sistema que pone en alerta al hombre ante una amenaza destructiva. Se le considera un hombre sabio a aquel que ve venir un mal y teme, apartándose de él (Pr. 14:16). El temor es algo noble siempre y cuando no esté dirigido al objeto equivocado, pues en tal caso sería pecaminoso, como aquellos que temen a los hombres antes que a Dios (Lc. 12:4-5).

No obstante, el temer a Dios tiene un espectro más amplio que el simple hecho de querer escapar ante una amenaza inminente. Temer a Dios significa tener una reverencia profunda ante el Creador, una solemnidad genuina ante Aquel que puede destruir el alma y el cuerpo en el infierno (Mt. 10:28). Es la santa precaución que surge en el corazón de alguien al darse cuenta de la grandeza y majestad de Dios (Is. 6:5; Lc. 5:8). Pero el temor a Dios no es de la clase que se experimenta ante una bestia salvaje dispuesta a devorar a alguien, más bien es *un temor filial o infantil*, tal como los puritanos lo explicaron;[1] es algo como el sentimiento que un hijo obediente experimenta ante su padre, en quien confía plenamente, pero a quien teme y respeta con vehemencia.

La idea de temer a Dios está ligada con la obediencia a Dios. En el Antiguo Testamento, cuando Abraham obedeció el mandato de sacrificar a Isaac recibió la siguiente declaración de parte de una teofanía de Jesucristo: «No extiendas tu mano contra el

1. Este concepto de temor filial había sido desarrollado desde antes por los reformadores. Martín Lutero hizo distinción entre temor servil y el temor filial. Otros hombres como el reformador holandés Wilhelmus à Brakel y el puritano George Swinnock hicieron aportes valiosos acerca del entendimiento del temor a Dios.

muchacho... porque ahora sé que temes a Dios, ya que no me has rehusado tu hijo» (Gn. 22:12). Tan estrecha es la relación entre la obediencia y el temor que aun siglos después los filósofos griegos entendían este concepto de obedecer a la deidad como una muestra de verdadero honor. El filósofo e historiador Jenofonte declaró: «¿Puede haber una forma mejor o más reverente de honrar a los dioses que haciendo lo que ellos mandan?». Por supuesto, esta obediencia pagana en nada agradaba a Dios, pero por lo menos en tiempos pasados la idea de temer a las deidades era algo comúnmente aceptado. Al comparar aquella perspectiva con la situación actual, se percibe que estamos ante una generación *sui generis*, una multitud de profesantes cristianos sin temor a Dios, lenguas que declaran su asociación con Cristo, pero con vidas que demuestran su filiación con Satanás.

En el Nuevo Testamento,[2] uno de los adjetivos que usa para referirse a alguien que teme a Dios es la palabra «piadoso» (*eusebos)*. Pablo la usó en repetidas oportunidades para referirse a una vida caracterizada por la obediencia a la Palabra de Dios (2 Ti. 3:12; Tit 2:12). Una vida piadosa, de acuerdo a la perspectiva del apóstol, incluía más que una expresión emocional o una mera afirmación intelectual. Tanto las afecciones como el intelecto juegan un papel en la piedad, pero estas dos expresiones quedan estériles si no se manifiestan en obediencia práctica en el diario vivir. En otras palabras, el verdadero temor a Dios está

2. Existe una categoría de temerosos de Dios que no tiene relación directa con lo descrito en este capítulo, pero que está presente en el NT. En el primer siglo las sinagogas judías estaban compuestas por tres grupos: judíos, prosélitos (paganos convertidos al judaísmo) y los *temerosos de Dios* (gentiles que, aunque afirmaban la adoración judía, no tomaban el último paso de circuncidarse para ser prosélitos). F. F. Bruce explica: «Aquellos que estaban contentos de seguir siendo *temerosos de Dios*, no importa cuán grande era su devoción a las prácticas éticas y religiosas judías o su gran generosidad, continuaban siendo extraños». Es interesante notar que este grupo fue una franja importante para el evangelismo de Pablo dentro de las sinagogas y la base para nuevas iglesias (Hch. 13.16; 10:2; 18:7). F.F. Bruce, *New Testament History* [Historia del Nuevo Testamento] (New York: Anchor Books, 1972), pp. 146-147.

caracterizado por una vida piadosa, ferviente por Dios que, en la práctica, se manifiesta como una vida obediente. Es una fe que escucha con atención la instrucción de su Amo y la pone por obra (Dt. 5:29; Jn. 14.21).

El siervo que teme es un siervo salvo

¡Oh, cuánta necesidad hay en nuestros días de pastores salvos por la gracia de Dios! Suena disparatado, pero este es el caso en nuestros días. Miles de iglesias están siendo gobernadas por líderes desprovistos de la gracia de Dios. Hombres guiando a las congregaciones hacia la salvación sin ellos ni siquiera haberla gustado. Esta fue la alarmante advertencia del príncipe de los predicadores, Charles Spurgeon, dos siglos atrás:

> Un pastor destituido de gracia es semejante a un ciego elegido para dar clase de óptica, que filosofará acerca de la luz y la visión, disertará sobre ese asunto, y tratará de hacer distinguir a los demás las delicadas sombras y matices de los colores del prisma, estando él sumergido en la más profunda oscuridad. Es un mudo nombrado profesor de canto; un sordo a quien piden que juzgue sobre armonías.[3]

Todo siervo que quiera guiar las almas hacia la ciudad celestial debe en primer lugar cultivar una reverencia profunda ante Dios, confesar su pecado y revestirse de la justicia de Cristo por medio de la fe (Ef. 2:8). El temor a Dios se evidencia con un autoexamen continuo de si verdaderamente se está o no en la fe (2 Co. 13:5). ¿Cómo podría alguien guiar a otros a temer a Dios, cuando él mismo no tiene el más mínimo respeto por Cristo? Las palabras del puritano Richard Baxter deberían escucharse continuamente entre las paredes de los seminarios de nuestros días:

---

3. Charles Spurgeon, *Discursos a mis estudiantes* (El Paso: Editorial Mundo Hispano., 2012), p. 10.

> Cuídate, no vayas a carecer de aquella gracia salvadora de Dios que ofreces a los demás, desconociendo la obra eficaz del evangelio que predicas; no sea que mientras proclamas al mundo la necesidad del Salvador, tu propio corazón lo desconozca... Muchos han exhortado a los demás a no caer en el infierno a la vez que ellos mismos corrían allá; más de un predicador que clamó muchas veces a sus oyentes para que escaparan de la condenación, está ahora en el infierno.[4]

El siervo que teme es un siervo humilde

El orgulloso no teme a Dios porque él se considera a sí mismo su propio dios. No quiere temer al Rey del universo, pero anhela secretamente que todos le teman a él mismo. El antídoto contra el orgullo entra en funcionamiento cuando se teme realmente a Jehová. Solo aquel que crece en una comprensión profunda y precisa de su propia pecaminosidad y su total dependencia de la gracia de Dios para servir es quien puede combatir efectivamente las artimañas del orgullo (1 Ti. 1:15; 1 Co. 15:10). Todo ministro cristiano que no esté contendiendo de manera intencional contra el orgullo se expondrá pronto a su propia caída (Pr. 16:18).

Un pastor orgulloso será un hombre déspota que buscará enseñorearse de la grey de Dios (1 P. 5:3), y que a su tiempo recibirá su justa retribución del príncipe de los pastores. Un hombre temeroso de Dios sabe que el orgullo toma fuerzas cada mañana y que debe hacer que muera de hambre cada día. La humildad debe ser un anhelo y petición constante para el siervo fiel. Por tanto, es bueno que todo ministro del evangelio reconozca día tras día que su posición en la iglesia es inmerecida y que apartado de Dios nada podría hacer (Jn. 15:4-5).

El siervo que teme es un siervo sabio

Salomón comprendió perspicazmente que el temor del Señor

---

4. Richard Baxter, *El pastor renovado* (Edimburgo: Estandarte de la Verdad., 2017), p. 41.

es el principio de la sabiduría (Pr. 1:7). El hijo del rey David entendió correctamente que la verdadera sabiduría es un asunto de autoridad. Desde una cosmovisión cristiana, temer a Dios significa definir quién será la autoridad absoluta en todo asunto. Aquel a quien se teme es, en un sentido, una autoridad. Muchos pastores en la actualidad han trastabillado en este asunto y han menguado ante otras fuentes de autoridad fuera de la Palabra de Dios.

Masas de cristianos hoy sucumben ante los «nuevos profetas» de nuestros días: científicos, psicólogos, mercadotécnicos o gurús espirituales. La autoridad bíblica no es la que dicta lo que se debe hacer en la Iglesia en la actualidad. Por el contrario, líderes carismáticos y elocuentes pero faltos de temor a Dios son los que dirigen a las multitudes. Es penoso ver a «pastores» poner en tela de juicio la inerrancia bíblica por seguir la teoría científica del momento, ver consejeros cristianos reemplazar la suficiencia de las Escrituras por técnicas psicológicas que son inoperantes para restaurar el alma humana, así como ver servicios dominicales que parecen más un circo, que un culto de adoración cristiano.

Cuando la Biblia habla, Dios habla; es por esto que un siervo fiel es aquel que se somete bajo la autoridad de su Señor, al tomar la Biblia como la fuente de la verdad. Todo pastor está necesitado de sabiduría: cientos de situaciones complejas vienen a él en medio de una congregación. Los retos que provienen de una sociedad incrédula, los ataques de falsos maestros y lidiar con el peregrinaje propio en la fe, demandan del siervo de Dios una sabiduría de lo alto. Esa sabiduría solo se puede obtener escudriñando la Palabra diariamente y temblando ante Dios.

Un siervo fiel y temeroso de Dios es al mismo tiempo un hijo reconciliado plenamente con el Padre. Se siente amado profundamente por un Dios bondadoso que lo colma de bendiciones constantemente. Puede aproximarse con confianza ante este Padre todopoderoso porque Jesucristo le ha limpiado completamente. Entiende que no es aceptado por sus obras de justicia, pero al mismo tiempo anhela ser un hombre piadoso, alguien con un alto concepto de Dios, que toma su labor con toda la seriedad del caso.

Sea el anhelo de Dios levantar un ejército de hombres temerosos de Él. Hombres salvos por la gracia de Dios, humildes y sabios. Que proclamen con autoridad su Palabra desde todo púlpito, para gloria de su nombre.

PREGUNTAS PARA REFLEXIONAR EN GRUPO

- Ya que el cristiano es alguien reconciliado con Dios, ¿por qué crees que aún debe seguir temiendo a Dios? Explica tu respuesta.

- ¿Puede alguien sinceramente decir que teme a Dios y no obedecer lo que Él dice? Explica tu respuesta.

- ¿De qué maneras prácticas Jesús nos enseña la forma de relacionarnos con el Padre?

11

Un siervo fiel anima y exhorta a los santos

FERNANDO JAIMES

Cobra ánimo, maestro Ridley, y pórtate varonilmente; porque por la gracia Dios hoy encenderemos tal fuego en Inglaterra, que tengo la confianza de que nunca será apagado.

Hugh Latimer

¿Cómo un líder anima a otros? ¿Proveyendo oportunidades? ¿Con una buena política de incentivos? ¿Con elogios? ¿Solucionando sus problemas? ¿Proveyendo un buen ambiente de trabajo? ¿Con promociones?

Eso suena interesante, pero no es como se anima a las personas, lo anterior sería mejor denominarles «motivaciones para la acción». Con frecuencia *animar* se confunde con *motivar*. *Motivar* es «proporcionar un motivo o razón para que cierta cosa ocurra o para que alguien actúe de una manera determinada»[1] y *animar* es «infundir ánimo, fuerza o energía a alguien para hacer, resolver o emprender algo».[2] Estas dos definiciones son similares, y es la razón por la que muchos líderes espirituales y seculares las confunden. Nuestro propósito aquí no es reflexionar sobre la

1. Núria Lucena Cayuela, ed., Diccionario General de la Lengua Española Vox (Barcelona: VOX, 1997).

2. Ibid.

motivación a otras personas, sino ver qué dice la Biblia acerca de las características de un líder que anima a los santos.

Analizaremos el ejemplo de Pablo en un tiempo en el que, viviendo en medio de una situación muy difícil, animó a los santos e incrédulos infundiéndoles la fuerza para seguir en medio de una crisis. Se trata del momento en que Pablo va de viaje a Roma porque apeló a César, y Festo, queriendo hacer un favor a los judíos, incitaba a Pablo a ir a Jerusalén para ser juzgado. Ante esta situación, Pablo responde: «...nadie puede entregarme a ellos. Apelo a César» (Hch. 25:6-12).

Durante este viaje, narrado en Hechos 27, Pablo sufrió un naufragio luego de partir de Buenos Puertos vía Fenice, en donde planeaban pasar el invierno. El problema se da en el momento que un viento huracanado llamado Euroclidón sopla en contra del barco. Pablo les advirtió de no partir por las graves pérdidas y el perjuicio, pero el centurión se persuadió más por lo dicho por el piloto y el capitán que por Pablo (27:11). Por supuesto, el centurión les creyó porque ellos eran profesionales de la navegación.

Durante el viaje se encontraron en medio de los vientos soplando con fuerza y azotando la nave. No pudiendo hacerle frente, se abandonaron al viento y quedaron a la deriva. Nada pudieron hacer para acercarse a una isla cercana llamada Clauda y, al día siguiente, fueron sacudidos furiosamente por la tormenta. Decidieron arrojar la carga por la borda y al tercer día arrojaron los aparejos, abandonando toda esperanza.

Una vez que pasaron varios días sin comer, Pablo se puso de pie en medio de ellos y les dijo: «Amigos, debían haberme hecho caso y no haber salido de Creta, evitando así este perjuicio y pérdida. Pero ahora los exhorto a tener buen ánimo, porque no habrá pérdida de vida entre ustedes, sino *solo* del barco» (Hch. 27:21-22).

Las palabras de Pablo son un poco extrañas porque él no es más que un preso de camino a ser juzgado, no tiene ninguna autoridad en el barco, sus conocimientos acerca de navegación no eran los más avanzados y, además de todo, cita el encuentro con un ángel de Dios a quien sirve cuando la mayoría de ellos no eran creyentes (27:23).

Si uno se pone en el lugar de estas personas, ¿por qué habían de creerle a este hombre? No tiene ninguna credencial para ser escuchado, es un don nadie y, además, están en medio de un problema mayúsculo. Pablo no es la persona más indicada para prestarle atención. Los marineros en este momento han perdido toda esperanza, se encuentran completamente a la merced de la tempestad y han perdido por completo el control del barco.

Por Marcos 4:41 sabemos que a Cristo incluso el viento y los mares le obedecen. Así que estos vientos están bajo el control soberano de Dios. A pesar del caos de esta situación se puede ver claramente la mano soberana de Dios en este viento tempestuoso y esto se hace más evidente a medida que el capítulo avanza. Dios está completamente en control de esta situación y por supuesto se sabe que era el propósito de Dios llevar a Pablo de vuelta a Roma para testificar delante de César. Esta tormenta parece interrumpir ese plan e incluso amenazarlo. Pero no es así. El plan de Dios incluye el tiempo de Dios y Él cumple sus planes en su propio horario, a su manera, por cualquier medio que elija y, a veces, desarrolla su plan de una manera que parece contraria a lo que podríamos describir como razonable.

Ahora bien, Pablo y sus compañeros creyentes seguramente sabían que Dios estaba completamente en control de las circunstancias a pesar de todas las apariencias de crisis que se vivían. Él dice: «...ahora los exhorto a tener buen ánimo» (Hch. 27:22).

Esta es una de las características del líder. Un líder anima y exhorta. Y es precisamente lo que hace Pablo. ¿Por qué lo pudo hacer? ¿Por qué pudo animar a los marineros y lograr que le escucharan?

El líder que anima confía en la soberanía de Dios

En primer lugar, Pablo les animó, exhortó y logró que le escucharan porque entendía quién tiene el control. Un líder sabe que Dios es soberano en este mundo y controla todas las circunstancias. Pablo dice: «Por tanto, tengan buen ánimo amigos, porque yo confío en Dios, que acontecerá exactamente como se me dijo» (Hch. 27:25). Además, tenía la certeza de que no hay nada que se salga de su perfecta voluntad. Pablo sabía quién había creado el universo (Ro. 1:20). Él sabía quién controla las circunstancias adversas (2 Co. 12:7) y sabía que él era solamente un instrumento en la creación de Dios. De hecho, el ángel le dijo exactamente qué había de suceder. Por tanto, un líder es una persona que entiende la voluntad de Dios, entiende el mundo en el que se encuentra y está comprometido con esa verdad. Por esto Pablo animó a los marineros a que le siguieran, porque él conocía la verdad revelada del Dios soberano.

El líder que anima es un hombre de carácter

En segundo lugar, Pablo podía animarlos porque él mismo era un hombre de carácter. Los marineros escucharon sus palabras de ánimo porque, a pesar de las circunstancias adversas, Pablo nunca perdió la cordura, no exhibió una mala actitud, creía en las verdades del evangelio y era un hombre de confianza. Al momento de iniciar el viaje, vemos cómo en un periodo muy corto de tiempo Pablo se ganó la confianza del centurión, quien tenía tal confianza en él que, al bajar del barco en Sidón, «Julio trató con benevolencia a Pablo, permitiéndole ir a sus amigos y ser atendido *por ellos*» (Hch. 27:3). Hay que recordar que Pablo es un prisionero, y normalmente a los prisioneros no se les deja salir por ahí a visitar a sus amigos. El centurión confiaba completamente en Pablo y confiaba en que no escaparía. Por eso escucharon sus palabras de ánimo, porque era una persona íntegra con un carácter probado; y el carácter es indispensable en la credibilidad y esta, a su vez, es esencial en el liderazgo.

Un líder que anima habla la verdad

Esto nos lleva a la tercera característica del por qué los marineros escucharon las palabras de ánimo de Pablo: él demostró que hablaba verdad y que era una persona creíble. Cuando ellos se encontraban a punto de partir de Buenos Puertos, Pablo les dice: «Amigos, veo que de seguro este viaje va a ser con perjuicio y graves pérdidas, no solo del cargamento y de la nave, sino también de nuestras vidas» (Hch 27:10). La tormenta llega y el mismo Pablo les dice: «...debían haberme hecho caso y no haber salido de Creta, evitando así este perjuicio y pérdida» (Hch. 27:21).

Pablo se ganó la credibilidad porque dijo la verdad, no calló la voluntad de Dios y los marineros terminaron confiando en él. Esto es un líder, una persona en la que los seguidores pueden confiar. Pablo tenía la visión dada por Dios, presentó su estrategia sobre cómo salir de la situación y la comunicó con claridad. Y esto nos lleva a la cuarta característica del por qué los marineros escucharon las palabras de ánimo.

Un líder que anima se comunica con claridad

En cuarto lugar, Pablo pudo animarlos porque comunicó con claridad la estrategia. No es posible animar a nadie si no se comunica con claridad la visión, la verdad y la pasión. Pablo tenía un mensaje y por esto podía liderar. Lo que hizo fue comunicarlo de forma efectiva. Primero fue claro al analizar la situación, fue consistente con su mensaje al insistir que Dios tenía el control y los fortaleció con sus palabras. Pablo no se desanimó por las circunstancias adversas del momento, ni por las circunstancias adversas personales. Él los animó a tener valor y coraje sin importar si sus palabras iban a ser bien recibidas o no. Y esto es un líder, una persona que anima y no una persona que está preocupada por la posibilidad de encontrar oposición a sus ideas. Si eres una persona apasionada por liderar, anima a tus seguidores siguiendo el ejemplo de Pablo.

PREGUNTAS PARA REFLEXIONAR EN GRUPO

- ¿Cómo un pastor podría dar ánimo a su congregación para que ellos confíen en la soberanía de Dios?

- ¿De qué manera Jesús animó a los apóstoles para desarrollar el ministerio que les había encomendado?

- ¿Por qué crees que comunicar claramente las ideas puede animar a otros?

12

Un siervo fiel adora en espíritu y en verdad

EDUARDO IZQUIERDO

Todos deberían unirse en la adoración pública. Las cuerdas menores participan del concierto de igual forma que las mayores. Aunque tengas una pequeña medida de gracia la adoración a Dios no estaría completa sin ti.

Thomas Goodwin

Si existe un temor en la vida de un siervo fiel, este sin duda radica en el peligro de caer en una vida tal y como la que Dios le hizo ver a su pueblo por medio del profeta Isaías, cuando declaró: «Porque este pueblo se acerca a mí con su boca, y con sus labios me honra, pero su corazón está lejos de mí, y su temor de mí no es más que un mandamiento de hombres que les ha sido enseñado» (Is. 29:13 RVR-60). De hecho, es de notar que esta misma exhortación fue usada posteriormente por Jesús en Mateo 15:8-9 al responder los cuestionamientos de los escribas y fariseos. Las acciones y palabras de estos hombres parecían estar en la dirección correcta. A los ojos de la gente todo apuntaba a que estaban sirviendo y adorando a Dios con sus labios, pero todo esto no era más que una simple careta que ocultaba lo que había en el corazón. Y ¿qué sabemos del corazón? Es engañoso (Jer. 17:9) y de este brota el pecado, el cual es finalmente efectuado por el hombre (Mt. 15:19). El corazón como centro de operaciones de nuestra vida debe estar configurado de manera que cada palpitar armonice con las palabras de Jesús ante la tentación, «escrito está: Al Señor tu Dios adorarás, y a él sólo servirás» (Mt. 4:10b RVR-60).

La adoración

Al final del capítulo 4 de Éxodo se nos narra el momento en que Moisés y Aarón se presentan ante los ancianos de los hijos de Israel. El versículo 31 nos menciona que el pueblo creyó y su reacción fue postrarse y adorar. La palabra hebrea que se emplea para el verbo adorar es *chavah*. Lo interesante es que el diccionario la define como el acto de *inclinarse* o *postrarse*. Más adelante, en el capítulo 34 versículo 8 vemos nuevamente este mismo verbo, ahora llevado a cabo por Moisés al presentarse delante de Dios en el monte de Sinaí. El énfasis nuevamente es el hecho de que el postrarse e inclinarse es parte intrínseca del acto de adorar. Otro ejemplo claro lo tenemos en Job 1:20 donde, una vez que llegan a sus oídos las tragedias que le acaban de suceder a sus familiares y posesiones, Job decide postrarse en tierra y adorar. Este mismo concepto va de la mano con lo que encontramos en Apocalipsis 5:14, 7:11, 11:16 y 19:4. De acuerdo con lo que podemos apreciar en la Escritura, postrarse y adorar son dos acciones que tienen una sintonía perfecta en el corazón de un verdadero adorador. Encontramos otra palabra que también se traduce como *adorar* en Deuteronomio 6:13: «Temerás *solo* al SEÑOR tu Dios; y a Él adorarás, y jurarás por Su nombre». La palabra hebrea para *adorar* en este caso es *abad* y entre sus significados está la acción de *servir* u *honrar*. De hecho, este es el mismo pasaje que Jesús cita en Mateo 4:10 al momento de ser tentado por Satanás.

¿Qué es lo que podemos concluir a partir de esto? Tal parece que hay evidencia suficiente para apreciar que, en la cultura bíblica, la adoración implicaba un hecho mucho mayor que simplemente entonar unos cantos o recitar una oración. En la mente de la audiencia original, al momento de leer sobre la adoración efectuada por hombres piadosos como Moisés y Job, solo se podía concluir que la adoración implica un acto de reverencia y humildad, así como una actitud de compromiso y servicio. El concepto de adoración bíblica debe orientar nuestro corazón a un concepto de sacrificar nuestro «*yo*» con el propósito de honrar a Dios. ¿Qué acaso no es esto mismo lo que Pablo nos exhorta a hacer en Romanos 12:1? Pablo dice: «Por tanto, hermanos, les ruego por las misericordias de Dios que presenten sus cuerpos *como* sacrificio vivo y santo, aceptable a Dios, que es el culto racional de ustedes».

El concepto de una adoración genuina también se confirma con las palabras de Jesús en Juan 4:23: «Pero la hora viene, y ahora es, cuando los *verdaderos* adoradores adorarán al Padre en espíritu y en verdad; porque ciertamente a los tales el Padre busca que lo adoren» (énfasis del autor). De manera clara, Jesús nos da a entender que existe un verdadero adorador que actúa basado en el patrón bíblico, pero además es más específico al agregar que estos verdaderos adoradores adoran en espíritu y en verdad. De hecho, el versículo 24 del mismo capítulo enfatiza que se le debe adorar a Dios de esta manera (Jn. 4:24). Pero, ¿qué es adorar al Padre en espíritu? ¿En qué consiste esta adoración en espíritu?

Adoración en espíritu

¿Quiénes podrán ser aquellos capaces de adorar en espíritu? John Piper sostiene que la adoración en espíritu solo puede suceder hasta que el Espíritu Santo anima nuestro espíritu con el nacimiento de nueva vida.[1] Reflexionando sobre esta misma cuestión, el puritano Stephen Charnock también hace notar que la adoración espiritual debe surgir de una naturaleza espiritual, es decir, los actos espirituales no pueden llevarse a cabo sin tener

1. John Piper. *Lo que Jesús exige del mundo*. (Grand Rapids: Editorial Portavoz, 2007), p. 104.

a Cristo en el alma.[2] Se requiere un milagro para que una persona pueda adorar en espíritu y esto sucede mediante la vida que Dios en su misericordia imparte a sus hijos (Ef. 2:4-5). La adoración en espíritu no es guiada por sentimientos ni afecciones despertadas por cierto estilo de música. La adoración en espíritu es aquella que se desprende de una vida que no solo ha sido regenerada, sino que además vive a la luz del señorío de Cristo (1 Co. 12:23). Es por esta situación que John MacArthur afirma lo siguiente: «De nuevo, esto confirma que el establecimiento de la adoración verdadera es la salvación. Alguien que no ha sido salvo no puede adorar a Dios verdaderamente».[3]

La adoración en espíritu es sin duda el resultado de la obra milagrosa de Dios en la vida del creyente. El Espíritu de verdad que proviene del Padre es quien guía al creyente genuino en el día a día y le concede el privilegio de venir delante de Dios a través de los méritos de Cristo (Jn. 14:17; 15:26; 16:13, Ef. 3:11-12). Es interesante ver en estos pasajes que el calificativo «de verdad» ocurre no solo al describir al Espíritu Santo, sino también indica que esta verdad es hacia donde Él dirige la vida del creyente durante cada momento de su vida. Somos santificados en la verdad y la misma Palabra es la verdad (Jn. 17:17) y, como también sabemos, Jesús es la verdad (Jn. 14:16). Y esto proporciona contexto para la adoración *en verdad*.

Adoración en verdad

El cristiano fiel entiende que adorar en verdad no puede ir en otra dirección que no sea una adoración a Dios, basada en la Palabra, a través de Jesús y guiada por el Espíritu. Cualquier otro intento de adoración que excluya algo de lo antes mencionado comienza a moverse en un sentido erróneo. Las palabras de

---

2. Daniel Chamberlin. *La existencia y los atributos de Dios: Resumen para el siglo XXI de la obra de Stephen Charnock*. (North Bergen: Publicaciones Aquila, 2017), pp. 51-52.

3. John MacArthur. *Adorar ¡La máxima prioridad!* (Bogotá: Editorial CLC), p. 178.

Pablo en Colosenses 3:16 nos deben ayudar a reflexionar sobre este punto: «Que la palabra de Cristo habite en abundancia en ustedes, con toda sabiduría enseñándose y amonestándose unos a otros con salmos, himnos *y* canciones espirituales, cantando a Dios con acción de gracias en sus corazones». Es interesante ver la relación que se aprecia entre el hecho de que la Palabra abunde en el corazón y el fruto de nuestros labios. Es decir, si la palabra de Cristo, que es la verdad, habita en el corazón de una persona, inevitablemente habrá evidencias de esto ya sea mediante nuestros actos o, como lo menciona específicamente el pasaje, entonando salmos, himnos y canciones espirituales. Si la verdad de la Palabra está cimentada en nuestros corazones, una adoración verdadera será la que proceda de lo más profundo de nuestro interior. MacArthur afirma: «Cuando la Palabra de Dios domina la vida, se regula la alabanza y su adoración es conforme al parámetro divino».[4]

Considero que es casi imposible encontrar a una persona que se goce en tomar malas decisiones. ¿Habrá alguna persona que viva apasionada por equivocarse y andar en error? Desafortunadamente, una parte del mundo evangélico ha pasado por alto los requisitos de un verdadero adorador tal y como Jesús los definió. No podemos andar en el camino de un adorador falso. Lejos de encasillar la adoración como una especie de éxtasis religiosa es importante seguir el patrón bíblico y será este camino el que afecte y nos haga verdaderamente andar en una vía de reverencia íntegra a nuestro Señor.

¡Cuán importante es vivir como un adorador en espíritu y en verdad! No se trata de una sugerencia, sino que realmente las palabras de Jesús nos hacen ver que hay un tipo de adorador verdadero que se diferencia del falso por adorar en espíritu y en verdad. Charnock dice:

4. John MacArthur. *Adorar ¡La máxima prioridad!*, p. 188

> En la adoración espiritual es necesario tener conocimiento de nuestras debilidades. Cuanto más adoramos a Dios, más nos aborrecemos a nosotros mismos. Cuanto más nos deleitamos en Él, más nos afligimos por lo que somos. La adoración eleva y derrite a la vez. Los verdaderos adoradores se identifican con el publicano que clamaba pidiendo misericordia y no con el fariseo que se jactaba de ser mejor que los demás hombres.[5]

Estas palabras de Charnock nos invitan a reflexionar respecto a que un siervo fiel reconoce su debilidad y encuentra fuerza al vivir en adoración continua a su Salvador y Maestro. Que Dios nos conceda ser pobres y humildes de espíritu para así temblar con una actitud reverente ante su Palabra, viviendo como verdaderos adoradores en espíritu y en verdad (Is. 66:2).

PREGUNTAS PARA REFLEXIONAR EN GRUPO

- ¿Puede un no creyente adorar a Dios en espíritu y en verdad?
- ¿De qué maneras prácticas el pastor de una iglesia puede ayudar a toda la congregación a adorar correctamente a Dios?
- ¿Qué lecciones acerca de la adoración puedes aprender de la conversación entre Jesús y la mujer samaritana?

5. Daniel Chamberlin. *La existencia y los atributos de Dios: Resumen para el siglo XXI de la obra de Stephen Charnock*, p. 54.

13

Un siervo fiel impulsa las misiones

JOSÉ ALCÍVAR

Lo que nosotros necesitamos es predicar a Cristo y presentárselo a un mundo que perece. El mundo puede seguir adelante muy bien sin ustedes y sin mí, pero no puede seguir adelante sin Cristo.

Dwight L. Moody

«Recorría Jesús todas las ciudades y aldeas, enseñando en las sinagogas de ellos, y predicando el evangelio del reino, y sanando toda enfermedad y toda dolencia en el pueblo. Y al ver las multitudes, tuvo compasión de ellas; porque estaban desamparadas y dispersas como ovejas que no tienen pastor. Entonces dijo a sus discípulos: A la verdad la mies es mucha, mas los obreros pocos. Rogad, pues, al Señor de la mies, que envíe obreros a su mies» (Mt. 9:35-38 RVR-60).

Cuando alguien señala la necesidad que existe actualmente en el mundo hispano acerca de una comprensión clara del evangelio y de instrucción bíblica en general, como en su momento lo han hecho Miguel Núñez[1] y John MacArthur,[2] rápidamente aparecen muchos opositores. No son pocos quienes afirman que

1. April 4, 2016. http://integridadysabiduria.org/america-latina-necesita-ser-reevangelizada-que-hacemos-ahora/.

2. May 5, 2016. https://www.youtube.com/watch?v=qiqbAa9W1TY.

dicho territorio ya ha sido alcanzado con el evangelio y que, en un sentido, tenemos fortalezas teológicas. ¿Cómo puede esta región encontrarse en profunda necesidad, cuando por décadas han existido constantes esfuerzos misioneros?

Si bien han existido agencias misioneras enviando hombres y algunos de ellos han influido favorablemente, la efectividad ha sido muy limitada. Esto lo observamos en que la gran mayoría de iglesias plantadas y movimientos vigentes han carecido de solidez doctrinal, con una visión antropocéntrica de Dios y del evangelio. Afirmar que América Latina está preparada teológica y doctrinalmente es algo muy difícil de sostener, cuando lo que se observa es un crecimiento abrumador del evangelio de la prosperidad, un carismatismo que rechaza el análisis bíblico, pocos ministros con preparación teológica, una muy baja aportación de recursos académicos provenientes de esta zona y escasez de instituciones que preparen hombres para trazar con precisión la Palabra de Verdad. Estos son los frutos que han dejado muchos esfuerzos con buenas intenciones, pero que han fallado en establecer iglesias con convicciones bíblicas.

Es necesario hacer una aclaración antes de continuar: no afirmamos que toda labor misionera ha sido infructuosa. Tampoco esta crítica debería ser vista como algo nuevo, pues ya desde hace varias décadas se han analizado los emprendimientos misioneros a la región y el resultado general ha sido insatisfactorio.[3] Lo que decimos es que mucho del trabajo no ha sido el adecuado y que aún hay mucho por hacer y corregir.

¿Por qué es necesario impulsar las misiones?

Cuando pensamos en un obrero fiel, la esencia de su fidelidad radica en cumplir la voluntad de aquel que es su Señor. Acerca de las misiones, la voluntad de nuestro Señor fue muy clara: «Id y haced discípulos *a todas las naciones*...» (Mt. 28:19,

---

3. Antonio Nuñez y William Taylor, *Crisis in Latin America* [Crisis en América Latina] (Chicago: Moody Press, 1989), pp. 409-423.

énfasis añadido), la misma idea la encontramos en el evangelio de Lucas: «y que se predicase en su nombre el arrepentimiento y el perdón de pecados *en todas las naciones…*» (Lc. 24:47, énfasis añadido).

Podemos notar que no debemos estar satisfechos solo con buscar la edificación mediante el discipulado de las personas que ya se encuentran dentro de la congregación (lo cual, aunque bueno, no debe hacernos pensar que nuestra labor ha culminado), por el contrario, vemos que hay una intención expresa de parte de nuestro Salvador de que su Iglesia busque también ser de impacto más allá de su perímetro.

Es posible que una iglesia local pierda de vista su llamado a ser de bendición al mundo, y olvidar que hay medios en los que pueda activamente apoyar el alcance de los perdidos con el precioso evangelio. Es necesario que el obrero que desea ser fiel al Señor dedique tiempo en reflexionar acerca de vías en las que puede cumplir con esta parte del mandato. Deseamos impulsar las misiones debido a la evidente necesidad que atraviesan nuestros países, pero sobre todo porque deseamos obedecer a quien nos envió, deseamos cumplir con el encargo que se nos ha encomendado.

Los obreros capacitados son pocos

No solo son pocos los que ven las multitudes y sienten el dolor de verlas perdidas, sino que el grupo realmente preparado para responder de forma correcta a este llamado es mucho menor. No basta con un buen deseo, aunque así empieza el llamado del Señor (1 Ti. 3:1), las características de un hombre de Dios son más complejas y a menudo se olvida la importancia del testimonio irreprensible y su capacidad para instruir a otros con la verdad (1 Ti. 3:2). Para que se le considere un obrero fiel no solo es necesario ir o enviar, sino que el misionero esté bíblicamente calificado para la obra ministerial. A la luz de este panorama, es enorme la potencia con la que resuenan estas palabras: «…la mies es mucha, mas los obreros pocos» (Mt.9:37 RVR-60).

Si algo debemos aprender de la historia de las misiones modernas es que, además de enviar a alguien, debemos enviar a quien sea genuinamente llamado por el Señor de la mies; a quien ha pasado tiempo capacitándose para ser verdaderamente fructífero en la proclamación del evangelio de la gracia inmerecida (Ef. 2:8); y que hace discípulos con buenos fundamentos doctrinales de modo que estos nuevos creyentes no sean llevados por cualquier viento de error.

La compasión es necesaria pero no es suficiente. El obrero debe haber demostrado tener la capacitación teológica y ministerial suficiente para que pueda cumplir con la tarea de hacer discípulos. Dios desea hombres dispuestos a ir; pero estos deben conocer la verdad y vivir de acuerdo a ella para que sus vidas sean de impacto donde quiera que Él decida enviarlos. El conocimiento doctrinal y el amor por Cristo no se encuentran en oposición: por el contrario, quien ama a Cristo amará su Palabra y guiará a otros a hacer exactamente lo mismo.

El Señor de la mies debe enviar obreros

En los últimos años es evidente que ha ocurrido un cambio de perspectiva dentro de los grupos misioneros. Se ha optado por capacitar a hombres nativos, provenientes de aquella misma cultura a la que se desea alcanzar; aquellos que Dios esté separando para el ministerio, y brindarles capacitación para luego regresar a ser de bendición en sus contextos. La ayuda extranjera sigue siendo vital; pero es hermoso ver cómo el Señor ya está levantando hombres locales para predicar fielmente y capacitar a otros para responder también al llamado divino. En la última década hay un notorio despertar en toda nuestra región y cada vez hay más iglesias afirmadas en la Palabra que están trayendo fruto como nunca se había visto; esto es, sin duda, un momento especial en la historia de nuestros países con respecto a las misiones. El Señor también está levantado centros de formación teológica sólida en México, España, República Dominicana,

Argentina, Colombia y Ecuador, y seguro este grupo de países irá en aumento bendiciendo a sus pobladores y naciones vecinas.

No debemos olvidar que es Dios quien nos da los obreros, por lo que el primer paso es clamar al Señor de la mies.[4] Él puede bendecirnos con hombres útiles cuyos ministerios expandan el reino. Quien los envía es el mismo que produce el fruto, por ello es importante que si el ministro desea ser fiel debe procurar llevar a cabo su tarea misionera en los términos que Dios desea que se haga. Necesitamos impulsar los esfuerzos misioneros conforme a la voluntad revelada de Dios en su Palabra y clamar porque Él sea quien apunte obreros fieles para realizar esta labor. Charles Spurgeon lo definió de la siguiente manera:

> Queremos que vuelva a haber muchos hombres como Lutero, Bunyan, Calvino, Whitefield, dispuestos a señalar sus errores y cuyos nombres inspiren terror en los oídos de nuestros enemigos. Necesitamos desesperadamente a hombres así. ¿De dónde vendrán? Son dones de Cristo a la iglesia y llegarán a su debido tiempo. Él ya dio, y tiene poder de volver a darnos, una edad dorada de predicadores, un tiempo tan fértil en grandes teólogos y poderosos ministros como fue la época de los puritanos. Era un tiempo en el que la antigua y buena verdad se volvió a predicar por hombres cuyos labios parecían tocados por un carbón encendido tomado del altar. Este será el instrumento en manos del Espíritu para llevar a cabo un gran avivamiento profundo de la religión en el país. Yo no busco otros medios para que el hombre se convierta fuera de la simple predicación del Evangelio y la apertura de los oídos de los hombres para que la oigan.[5]

---

4. Miguel Nuñez, *¡Latinoamérica Despierta! 95 tesis para la iglesia de hoy. Tesis #17*, (Colombia: Poiema Publicaciones, 2017).

5. Charles Spurgeon, *Autobiography Vol. 2: The Full Harvest*, as quoted in *The Heroic Boldness Of Martin Luther* [Autobiografía, Vol. 2: La cosecha completa], es citado en *La heroica valentía de Martín Lutero. (Colombia, Poiema Publicaciones, 2017).*

El siervo fiel deseará unirse a lo que su Señor está impulsando en las diferentes naciones, y es posible empezar ahora mismo. Estas son solo algunas maneras en las que una iglesia puede unirse a un movimiento misionero bíblico que traiga gloria a Dios:

- Orar porque el Señor levante obreros.
- Procurar iglesias firmes doctrinalmente que amen capacitar a otros.
- Sostener en oración y apoyo económico a misioneros probados que ya se encuentran sirviendo en diferentes regiones. Recordar que una situación económica difícil no inmovilizó a los creyentes en Macedonia (2 Co. 8:3). Tampoco debe llevarnos a concluir que no podemos apoyar por no tener muchos recursos.
- Instruir a la congregación con una perspectiva bíblica de las misiones.

PREGUNTAS PARA REFLEXIONAR EN GRUPO

- ¿De qué manera la encarnación de Jesús puede animar nuestros esfuerzos misioneros?

- ¿Cuál es el mayor error que has visto en la preparación de misioneros y cómo podría mejorar esto?

- ¿Debería un misionero cumplir con los requisitos establecidos en 1 Timoteo 3:1-7?

14

Un siervo fiel descansa en que la recompensa viene de Dios

JOSÉ SORIA

La vida de un cristiano está maravillosamente regida por la consideración y meditación de la vida en el otro mundo.

Richard Sibbes

La comprensión de la doctrina de las recompensas eternas es el incentivo dado por Dios para motivar a los creyentes a ser fieles. Fieles para maximizar sus vidas para el reino, en lugar de pasar por la vida satisfechos con las riquezas perecederas que pronto desaparecerán. Ahora bien, aunque el deber hacia Dios ha de ser un deleite en sí mismo, la responsabilidad de rendir cuentas en el futuro debe motivar a todo cristiano, pero en especial a pastores y a otros maestros de la Palabra, para vivir sus vidas y ministrar sus dones a la luz de la recompensa eterna de su Señor.

> La Biblia no hace amenazas en vano. Por lo tanto, ¿qué pastor-maestro de la Palabra de Dios no se ha estremecido ante la idea de incurrir en un "juicio más severo" (Stg. 3:1)? Al mismo tiempo, la Escritura no hace promesas vacías. Sus páginas rebosan, no solo con órdenes de agradar a Dios, sino con incentivos igualmente. Muchos yerran al centrarse únicamente

en los mandatos, pero descuidando las motivaciones maravillosas ofrecidas por nuestro Señor.[1]

Si bien es cierto que para el creyente el cielo no es una recompensa, el cielo sí está colmado de recompensas. Incluso es claro en las Escrituras que el tribunal de Cristo es un tiempo de recompensa y pérdida de recompensas (1 Co. 3:10; 2 Co. 5:10; cp. Mt. 5:12; 6:1-2). Y puesto que las recompensas están determinadas por un juicio de nuestras obras, esto tiene implicaciones de peso sobre qué y cómo predicamos y enseñamos.

El Señor Jesucristo jamás dudó en advertir sobre las consecuencias de la manera de vivir y en motivar con las recompensas venideras. Sus enseñanzas instan no solo a predicadores, sino a todo creyente a contar con una mentalidad eterna. Incluso al dar la amonestación «acumulaos tesoros en el cielo» (Mt. 6:20) se sobreentiende que ciertamente habrá grados de recompensa, proporcionales al nivel de obediencia a dicho mandato (cp. Mt. 7:1-2). Se puede decir entonces que la recompensa en la vida venidera está relacionada con el sacrificio realizado en esta vida (Mt. 19:27-29; 20:20-23). Tu eternidad se ve afectada por las decisiones que haces hoy o, como lo dijo el personaje del gladiador en la conocida película: «¡Lo que hacemos en la vida resuena en la eternidad!».

La Biblia asegura lo siguiente a todo creyente: «...estamos persuadidos de las cosas que son mejores y que pertenecen a la salvación. Porque Dios no es injusto como para olvidarse de vuestra obra y el trabajo de amor que habéis mostrado hacia su nombre, habiendo servido a los santos y sirviéndoles aún» (He. 6:9-10 RVR-60). Sin duda, tenemos un Dios que muestra su complacencia con la fidelidad de sus siervos y lo hace con una afirmación bíblica recurrente. ¡Qué tremendo será escuchar en

1. Clint Archer, *"The Preacher's Payday: Implications of the Eternal Rewards for Bible Teacher"* Tesis de Doctorado., (The Master's Seminary., Sun Valley, 2011), pp. 105-106. [El día de pago del predicador: implicaciones de las recompensas eternas para el maestro de la Biblia] (Day One Publications, 2012).

aquel día estas palabras preciosas de parte de Cristo, el Rey de los predicadores!: «Bien, siervo bueno y fiel;... entra en el gozo de tu señor» (Lc. 19:17; Mt. 25:21, 23).

La parábola de los talentos (Mt. 25:14-30) revela que, a la hora de la recompensa, se tendrá en cuenta la proporción de habilidad y oportunidad de cada persona; e ilustra que cada creyente profesante tiene la responsabilidad de maximizar los intereses de su Señor. El contexto de dicha parábola es el Sermón del Monte de los Olivos (caps. 24-25) en el que Cristo profetiza acerca de su Segunda Venida y anima a la preparación espiritual y a una manera correcta de vivir.

Se describe al esclavo fiel como alguien que fue hallado haciendo la voluntad de su Señor en el momento de su inesperado regreso (24:51); mientras que el esclavo infiel no puede referirse al creyente, ya que el llanto y el dolor de la oscuridad exterior a la que está asignado es incompatible con el destino de la vida futura de cualquier creyente (Ap. 21:4). Si bien las consecuencias de infidelidad en esta parábola no aplican a creyentes, lo relevante es el hecho de que las responsabilidades, que se dispensaron en grados, fueron recompensadas proporcionalmente con una mayor responsabilidad.

Un pasaje más claro sobre este tema es la advertencia de Pablo a la iglesia de Corinto: «Por eso, ya sea presentes o ausentes, ambicionamos agradar al Señor. Porque todos nosotros debemos comparecer ante el tribunal de Cristo, para que cada uno sea recompensado por sus hechos estando en el cuerpo, de acuerdo con lo que hizo, sea bueno o sea malo» (2 Co. 5:9-10). Dirigiéndose aquí a creyentes, el apóstol Pablo explica la razón por la que se esfuerza en agradar a Dios en cada situación. La palabra *γὰρ* («*porque*») con la cual inicia el versículo 10 indica que lo escrito enseguida por Pablo es la razón por la cual cada creyente debe procurar agradar a Cristo (v. 9).

Ahora bien, ¿cuándo ocurre el tribunal de Cristo? Lo que es claro es que no ocurre en el momento de la muerte sino más allá de esta, en un momento específico en el futuro (Ap. 22:12).

En cualquier caso, este conocimiento no es para satisfacer la curiosidad ociosa. Está destinado a cambiar nuestras vidas. De cualquier modo, nadie está en riesgo de perderse dicho juicio, ya que tal como dice el texto, «todos nosotros debemos comparecer ante el tribunal de Cristo» (2 Co. 5:10; cp. Ro. 14:10).

Ahora bien, no obstante lo sobrio del tema de la recompensa eterna del creyente, muchos maestros de la Palabra ignoran las implicaciones de este juico sobre ellos en particular. La advertencia es seria: «Hermanos míos, que no se hagan maestros muchos *de ustedes*, sabiendo que recibiremos un juicio más severo» (Stg. 3:1). Por lo tanto, todo maestro debe ser diligente en presentarse «a Dios aprobado, *como* obrero que no tiene de qué avergonzarse, que maneja con precisión la palabra de verdad» (2 Ti. 2:15; cp. 1 Ti. 4:6-16); y todo pastor debe leer 1 Co. 3:12-15, una referencia sobre los materiales de construcción que usa en el ministerio. Pablo advierte que nuestro trabajo será probado con fuego: «Si permanece la obra de alguno que ha edificado ... recibirá recompensa» (v.14). Y puesto que la recompensa viene del Señor, esta sobrepasará el valor del material y de todo nuestro trabajo, ya que la recompensa del cristiano es infinita en su duración (Ap. 22:5). En este sentido, el trabajo de todo pastor y de todo creyente es un trabajo inmortal.

Incluso, como afirmara un puritano: «Él mantiene un recuento exacto de todas tus oraciones fervientes, de todos tus sermones instructivos y persuasivos; y todos tus suspiros, gemidos y cuidados, con cada lágrima y gota de sudor, se colocan como notas marginales a la par de tus labores en Su libro, con el fin de obtener una recompensa completa».[2]

Estas advertencias deben quedar estampadas en las hojas de cada estudio bíblico que preparamos, en cada lección de escuela dominical, en cada artículo que escribimos y en cada sermón que predicamos. Incluso el maestro bíblico enseña en todo lo

2. Joel R. Beeke, y Terry D. Slachter, *Encouragement for Today's Pastors: Help from the Puritans* [Aliento para los pastores de hoy. Ayuda de parte de los Puritanos] (Grand Rapids: Reformation Heritage Books, 2013), p. 189.

que hace, no solo cuando abre su Biblia: lo hace en la manera en que trata a su esposa, a sus hijos; en la forma en la que espera en el Señor; cómo da financieramente, cómo ora, cómo expresa su sentido del humor, cómo opina y se comporta (Col. 3:19 y 21; 1 P. 3:7; Sal. 46:10; 2 Co. 9:7; Ef. 4:29; 1 P. 2:12-13). La responsabilidad futura debe animar a vivir con mayor cuidado, dando un sentido de valor enriquecido a nuestra enseñanza, comportamiento, palabra, incluso tareas cotidianas que nadie ve sino solo Dios (Mt. 5:28; 12:36-37; Fil. 4:8; 1 P. 3:12).

La predicación expositiva viene con la gran ventaja de que uno puede estar seguro de que está predicando para la aprobación de Dios y no para el hombre; razón por la cual todo predicador debe tener muy en cuenta que, en cierto sentido, predica a una audiencia de Uno. Si predicas lo que está allí cuando en verdad aparece allí en el texto, y explicas que esta es la Palabra de Dios, entonces puedes ser audaz. Un excelente ejemplo de un predicador a quien no le importaba mucho lo que la gente pensara acerca de él fue Juan el Bautista.

Incluso Jesús subraya la verdadera grandeza del profeta. Al dirigirse a las multitudes para referirse a Juan, les asegura lo siguiente: «Os digo que entre los nacidos de mujeres, no hay mayor profeta que Juan el Bautista; pero el más pequeño en el reino de Dios es mayor que él» (Lc. 7:28 RVR-60). La buena noticia es que cuando seas glorificado, recompensado y te asignen una tarea en el reino, tu ministerio será mayor que el ministerio más grande que haya existido en la tierra: el ministerio de Juan.

Este versículo prueba al menos dos aspectos del tribunal de Cristo: habrá mayor y menor en el reino; y Jesús considera que la grandeza de un predicador es acorde con la fidelidad de ese predicador al mensaje de Dios. Juan el Bautista se mudó al desierto porque allí fue llamado. Le dijo a Herodes que se arrepintiera porque esa era la voluntad de Dios. Fue enviado a la cárcel y finalmente murió porque se negó a diluir el mensaje de Dios. Y Jesús lo llamó el mayor profeta nacido de mujer. Pocas cosas pueden ser más asombrosas que ser grande a los ojos de Dios. Así que tan pronto como desees la aprobación del hombre sobre la de Dios, perderás la perspectiva del tribunal de Cristo y terminarás perdiendo fidelidad y disminuyendo tu recompensa.

A Juan el Bautista no le importó mucho la popularidad. Sabía lo que creía y estaba dispuesto a vivir y morir por sus convicciones. ¿Y qué de ti? ¿Qué aprobación anhelas, la del hombre o la de Dios? Pr. 29:25 advierte: «El temor al hombre es un lazo, pero el que confía en el SEÑOR estará seguro». Las personas hacen cosas tontas y peligrosas cuando quieren que otros piensen bien de ellas. ¿Qué se debe hacer con esta «enfermedad» de querer agradar al hombre? En las palabras del apóstol Pablo, la solución es clara: «...así como hemos sido aprobados por Dios para que se nos confiara el evangelio, así hablamos, no como agradando a los hombres, sino a Dios que examina nuestros corazones» (1 Ts. 2:4; cp. Hch, 4:19 y 1 P. 1:17).

En el pasado Dios ha usado un asno y aun usaría piedras para proclamar su Palabra (Nm. 22:28; Lc. 19:40). No obstante, le ha encargado al hombre —quien es polvo— dicho privilegio y misericordia. Que este sea el combustible detrás del incentivo de todo predicador y creyente: ser agradable al Señor. Como lo ha expresado Josías Grauman:

> Y en el momento que, por la gracia y misericordia de Dios, realmente crees que no eres más que polvo, en el momento en que dejes de esforzarte por conseguir los elogios de los hombres, entonces captarás la mirada del Altísimo y Exaltado (Is. 66:1-2).

Eso buscamos, la mirada del Señor, cuyo tribunal será un lugar de recompensas generosas y duraderas para todo siervo fiel que ha puesto «los ojos en Jesús, el autor y consumador de la fe, quien por el gozo puesto delante de Él soportó la cruz, menospreciando la vergüenza, y se ha sentado a la diestra del trono de Dios» (He. 12:2).

PREGUNTAS PARA REFLEXIONAR EN GRUPO

- ¿Por qué crees que Jesús enfatizó tanto que deberíamos hacer tesoros en los cielos?

- ¿Cómo el temor al hombre puede distraer a un pastor del ministerio que debe hacer?

- Ya que la salvación es por gracia inmerecida, ¿consideras que Dios recompensará a sus siervos según sus obras?

Anexo

Biografía Henry Tolopilo

STEPHEN TOLOPILO

No podemos ser usados por Dios hasta que el dolor severo de la aflicción nos quite la confianza en nuestras fuerzas.

Henry Tolopilo

Mi padre

Me honra poder compartir una biografía corta de mi papá: Henry Tolopilo. Crecer en un hogar de un pastor viene con expectativas: estar en la iglesia cada domingo, quedarse hasta tarde, almorzar en las casas de los hermanos y tener sobre mí la mirada de todos observando cada movimiento mientras estaba en los ministerios de niños y jóvenes. Pero finalmente todo esto resultó en una bendición y un privilegio para mí. No necesariamente los pares extra de ojos, sino el crecer en un hogar comprometido, desde entonces y aun ahora, con predicar la verdad de la Palabra de Dios. Mientras crío a mis propios hijos hoy, recurro continuamente al ejemplo que me dio mi padre. Mientras reflexiono en mi juventud, puedo ver que mi papá puede ser descrito verdaderamente por la palabra «fiel». Él ha sido el mismo hombre en casa que es detrás del púlpito, el mismo hombre que entrenó a su hijo a temer a Dios, el mismo hombre que me animó en cada juego de fútbol y en cada actividad deportiva. Mi papá es quien me anima constantemente y quien fielmente ora por mí y por mi familia. Él es mi mejor amigo.

Primeros años

Henry nació en Santiago, Chile, y es el mayor de tres hermanos. Henry, Daniel y Marcelo fueron criados en Argentina. Sus padres fueron Anthony y Connie Tolopilo. Su padre fue un pastor y maestro, y la familia estuvo siempre involucrada en y alrededor de la iglesia. Anthony se mudó junto con su familia a Long Beach, California, cuando Henry tenía dieciocho años, y ahí sirvió como pastor en la *Primera Iglesia Bautista de Long Beach*.

Educación y misiones

Henry comprendió el evangelio, se arrepintió y comenzó a vivir en obediencia a Cristo a los 15 años. Después de esto vino un deseo creciente por aprender la Escritura, llevándolo a prepararse más en *Biola University*. Posteriormente, Henry se graduó del *Seminario Teológico Talbot* con una maestría en Divinidad y una maestría en Teología del *Seminario Teológico de Dallas*. Fue en *Talbot* donde comenzó a desarrollar el interés en misiones transculturales que lo llevó a participar en misiones en Centroamérica. Durante uno de esos viajes misioneros, Henry conoció a su futura esposa, Bárbara. Henry y Bárbara se casaron en 1972, y se involucraron en la plantación de iglesias en México a través de *CAM* (*Central American Missions International*). Henry también formó parte del equipo de traducción que elaboró *La Biblia de las Américas*. En 1985, a su regreso a los Estados Unidos, Henry sirvió como director de desarrollo para LOGOI International en Miami, Florida, desarrollando planes de estudio y recursos en español para pastores y maestros. Con el paso del tiempo, el Señor guio a Henry a convertirse en el pastor de la congregación de habla hispana en *Grace Community Church* en 1995.

Grace Community Church

Henry ha sido bendecido profundamente por la oportunidad de servir en el ministerio hispano de *Grace Community Church* y exponer la Palabra de Dios durante los últimos veinticinco años, disfrutando de la comunión y el apoyo de la familia de la iglesia. Por más de quince años, Henry fue la voz en español de John MacArthur en el ministerio radial *Gracia a Vosotros*. Los sermones de Henry están disponibles hoy en el siguiente enlace: ministerioatiempo.org.

Familia

Henry y Bárbara tienen dos hijos: Mónica, que está casada con Seth, y Stephen, que está casado con Katherine. Además, tienen cinco nietos: Sienna, Naomi, Hudson, Miles y Knox.

Acerca de los Autores

John MacArthur

Es el pastor-maestro de *Grace Community Church* en Los Angeles, California, y rector emérito de *The Master's University and Seminary*. Es un prolífico autor con muchos *bestsellers*, entre ellos los volúmenes del *Comentario MacArthur del Nuevo Testamento*, *Teología Sistemática*, *Porque el tiempo sí está cerca* y *Nada más que la verdad*. Su estilo popular de exposición y enseñanza de la Biblia versículo por versículo puede escucharse a diario en su programa radial de difusión internacional *Gracia a vosotros*. John y su esposa, Patricia, tienen cuatro hijos y quince nietos.

Josías Grauman

Sirvió como capellán en el Hospital General de Los Ángeles y después fue misionero en la Ciudad de México. Actualmente es anciano de la iglesia *Grace Community Church* y decano de educación en español en *The Master's Seminary* y el *Instituto de Expositores*. Josías es licenciado en idiomas bíblicos por *The Master's University* y obtuvo una maestría en Divinidad y un doctorado en Ministerio por *The Master's Seminary*. Es autor de libros como: *Griego para pastores* y *Hebreo para pastores*. Está casado con Crystal, con quien tiene dos hijos y una hija.

David Robles

Es el pastor principal de la Iglesia Evangélica de León y el presidente fundador del *Seminario Berea* en España. David tiene un amplio ministerio de predicación y enseñanza principalmente en España, pero también en Europa, Hispanoamérica y los Estados Unidos. Obtuvo una maestría en Divinidad en *The Master's Seminary*. Él y su esposa Loida son padres de tres hijas.

Evis Carballosa

Es reconocido como un erudito bíblico con un extenso ministerio de enseñanza. Fue director y cofundador del *Instituto Bíblico* y *Seminario Teológico* de España, así como rector del *Seminario Teológico Centroamericano* de Guatemala. Tiene estudios universitarios en religión (*Detroit Bible College*) e historia (*Southern Methodist University*), una maestría en Artes (*Southern Methodist University*), una maestría en Teología (*Dallas Theological Seminary*) y un doctorado en Filosofía con énfasis en historia (*Texas Christian University*). Sus comentarios bíblicos son reconocidos como obras académicas de la más alta relevancia escritas originalmente en español en el ámbito teológico conservador. Está casado con María Amparo, con quien tiene cuatro hijos.

Alejandro Peluffo

Es pastor de la Iglesia Bautista Misionera en Lobos, Argentina. También es director y fundador del Instituto de IDEAR (*Instituto de Expositores* en Argentina), un instituto que capacita pastores y líderes en la exégesis y la predicación expositiva. Alejandro concluyó una maestría en Divinidad y una maestría en Teología en *The Master's Seminary*. Está casado con Mónica, con quien tiene tres hijos.

Josué Pineda Dale

Es coordinador administrativo de educación en español en *The Master´s Seminary* y administrador de la *Sociedad Teológica Cristiana*. Además, es editor del ministerio *A Tiempo y Fuera de Tiempo*. Josué sirve también en la enseñanza, cuidado congregacional y el ministerio de hombres del ministerio hispano de *Grace Community Church* en Los Angeles, California. Actualmente está cursando una maestría en Teología Sistemática en

The Master's Seminary, y tiene un maestría en Divinidad de la misma institución. Josué está casado con su esposa Mabe, con quien tiene dos hijos.

David González

Es pastor de la Iglesia Evangélica Teis en Vigo, España. También es profesor adjunto del *Seminario Berea* en España, un seminario que capacita a pastores y líderes para trazar y exponer con precisión la Palabra de Dios. David obtuvo una maestría en Divinidad en *The Master's Seminary*. Está casado con Laura, y tienen una hija.

Daniel Corral

Pastorea una iglesia en Madrid, España, y colabora como profesor adjunto en el Seminario Berea, en León (España). Licenciado en Ciencias Políticas, posee un Master en Recursos Humanos y Administración de Empresas, además de una maestría en Divinidad en *The Master's Seminary*. Casado con Aída (quien partió a la presencia del Señor en 2020). Padre de cuatro hijos.

Heber Torres

Heber Torres es pastor en la Iglesia Evangélica de Marín, España. Además, es profesor del *Seminario Berea* (León, España). También dirige el *blog* y *podcast* Las Cosas de Arriba. Concluyó su maestría en Divinidad y actualmente cursa una maestría en Teología en *The Master's Seminary*. Heber y su esposa, Olga, son padres de tres hijos.

Santiago Armel

Es maestro de estudios bíblicos en *Grace Community Church* y sirve como administrador de la *Conferencia Expositores* en Los Angeles, California. Actualmente se encuentra capacitando a un grupo de creyentes para la plantación de una nueva iglesia en Cali, Colombia (Iglesia Bíblica Cristiana de Cali). También es director y fundador de la *Conferencia Baluarte de la Verdad*. Tiene estudios universitarios en comunicación (Universidad Javeriana Bogotá), una maestría en Divinidad (*The Master's Seminary*) y actualmente está terminando una maestría en Teología (*The Master's Seminary*). Santiago y su esposa, Juliana, tienen un hijo.

Fernando Jaimes

Es pastor de la Iglesia Comunidad de Gracia Bogotá, en Colombia. También es director del *Seminario de Expositores* en dicho país, institución educativa para la capacitación de líderes cristianos. Fernando es graduado de *The Master's Seminary* con una maestría en Divinidad, una maestría en Teología y es estudiante del doctorado en Ministerio. Está casado con Julia, con quien tiene dos hijos.

Eduardo Izquierdo

Es director de alabanza en el ministerio hispano de *Grace Community Church* en Los Angeles, California, donde también sirve como maestro de estudios bíblicos. Eduardo dirige el sitio *www.mascomojesus.com* y actualmente está capacitando a un grupo de personas en Monterrey, México, con el fin de plantar una iglesia. Eduardo concluyó una maestría en Divinidad y actualmente estudia una maestría en Teología en *The Master's Seminary*. Está casado con Valeria, con quien tiene dos hijos.

José Alcívar

Es uno de los pastores de la iglesia Comunidad de Berea en Guayaquil, Ecuador, y también profesor de *La Academia de Predicación Expositiva*. José obtuvo un certificado en Biblia y Teología en el *Instituto de Expositores* y posteriormente realizó una maestría en Divinidad en *The Master´s Seminary*. Está casado con Francesca y tienen una hija.

José Soria

Es Asistente Pastoral en el Ministerio en español de *Grace Community Church*. Tambien trabaja en *The Master's Seminary* en el área de Servicios Estudiantiles de los programas en español. José obtuvo una Licenciatura en Administración de Empresas con especialización en Finanzas de *The Universtiy of Texas*. Después de haber sido llamado al ministerio, concluyó una maestría en Divinidad en *The Master's Seminary*. Está casado con Norma, con quien tiene tres hijas.

EDITORIAL
PORTAVOZ

NUESTRA VISIÓN

Maximizar el efecto de recursos cristianos de calidad que transforman vidas.

NUESTRA MISIÓN

Desarrollar y distribuir productos de calidad —con integridad y excelencia—, desde una perspectiva bíblica y confiable, que animen a las personas a conocer y servir a Jesucristo.

NUESTROS VALORES

Nuestros valores se encuentran fundamentados en la Biblia, fuente de toda verdad para hoy y para siempre. Nosotros ponemos en práctica estas verdades bíblicas como fundamento para las decisiones, normas y productos de nuestra compañía.

Valoramos la excelencia y la calidad.
Valoramos la integridad y la confianza.
Valoramos el mérito y la dignidad de los individuos y las relaciones.
Valoramos el servicio.
Valoramos la administración de los recursos.

Para más información acerca de nuestra editorial y los productos que publicamos visite nuestra página en la red: www.portavoz.com.